Link to the Future

THE SECOND KYORITSU GIRLS' JUNIOR HIGH SCHOOL

共立女子第二の特徴

- 母体の共立女子学園は 130 年を超える歴史を持つ女子教育の伝統校
- 抜群の自然環境と学習環境の、東京ドーム５個分の広大なキャンパス
- 中3・高1は総合進学・特別進学の２クラスを設置、きめ細やかな進学指導
- 高２・高３は５種類のコース制カリキュラムにより多様な志望に対応
- 高大接続改革をふまえ、英語の授業に「４技能統合型授業」を導入
- 現役進学率約 95%。外部大学と共立女子大学へほぼ半数ずつ進学
- 入試の成績により入学金や授業料などを免除する充実した奨学金制度

2022 年度、高校に英語コース新設！ ※設置予定
（ターム留学必修・Berlitz 提携）

EVENTS

11/ 5（木）中学校説明会
11/28（土）説明会/入試問題研究会
12/ 5（土）入試説明会適性検査型入試体験
12/20（日）入試説明会国算2科型入試体験
1/ 9（土）中学校入試説明会(小6対象)
1/ 9（土）理科体験授業+入試相談(小5以下)
1/16（土）入試直前相談会

※ 中止・変更となるイベントが多くなっています。最新の情報をホームページでご確認ください。
※ Web を使った説明会や個別相談会も実施しています。

※説明会などのご参加は原則として予約制(ホームページ)。
※ご来校の際はスクールバス（無料）をご利用ください。
自家用車でもご来校いただけます。

共立女子第二中学校

JR中央線・横浜線・八高線「八王子駅」から
スクールバス約20分
JR中央線・京王線「高尾駅」から
徒歩とスクールバス約15分

〒193-8666　東京都八王子市元八王子町 1-710　TEL.042-661-9952

共立女子第二　検索

早稲田アカデミー 中学受験を決めたその日から

サクセス12

CONTENTS

今月号の表紙

自然光が降りそそぐ昼の「アマゾンゾーン」

最新の照明・音響・映像技術とともに
世界の水辺を楽しむ―

カワスイ

川崎水族館

新型コロナウイルスの影響で思うように外出ができなかった今年の夏。
そんなコロナ禍のなか、JR川崎駅前商業施設「川崎ルフロン」の9・10階に
世界の美しい水辺を五感で体験できる新感覚エンターテインメント水族館『カワスイ 川崎水族館』がオープンしました。
「なぜ、駅前商業施設のなかに淡水魚を集めた水族館をつくったのか」「新感覚エンターテインメント水族館とは?」などについて、
『カワスイ』を企画し、設計はもちろんのこと、運営までを一貫して行っている
株式会社アクア・ライブ・インベストメントの坂野新也さんにお話を伺いました。

『カワスイ 川崎水族館(以下カワスイ)』は、日本で初めて既存の商業施設内にオープンした都市型水族館です。

「世界の美しい水辺」をテーマに、川崎市を流れる多摩川をはじめ、アジア、アフリカ、南米に広がるアマゾンの熱帯雨林まで、さまざまな環境に暮らす生きものが展示され、世界の水辺を散歩するような気分で楽しめます。

オニオオハシ

■営業時間／昼カワスイ10:00〜17:00(最終入館16:00)、夜カワスイ18:00 〜22:00(最終入館21:00)※併設する飲食店舗の営業時間は一部異なります。■休館日／なし(年中無休)※川崎ルフロンの休業日に準ずる ※水族館のメンテナンスやイベントなどによる臨時休業あり ■公式ホームページ https://kawa-sui.com/

照明・音響・映像技術を駆使した6つのゾーン

『カワスイ』は大きく6つのゾーンに分かれています。
10階の入館ゲートすぐに広がるのは「多摩川ゾーン」で、その奥に「オセアニア・アジアゾーン」「アフリカゾーン」が広がります。
そして、9階には「南アメリカゾーン」「パノラマスクリーンゾーン」「アマゾンゾーン」の3つのゾーンがあり、
『カワスイ』全体で約230種（植物を除く）の生きものが自然に近い環境のなかで展示されています。

10階フロア

多摩川ゾーン

左側に3個並んだ水槽には、左から上流にすむ［アブラハヤ］、中流にすむ［オイカワ］、下流にすむ［コイ］が展示されています。そのほか、多摩川で再び見られるようになった［アユ］や外来種ではあるものの多摩川に生息している生きものも合わせて展示することで、現在の多摩川の生態系を見て感じることができます。水槽の背面には、実際に多摩川沿いで見られる植物が植えられ、朝・昼・夕・夜の多摩川のさまざまな景色の映像を投影しています。

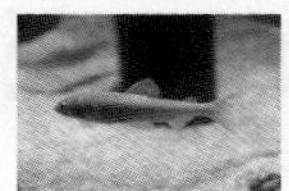

多摩川でも姿が見られるようになった［アユ］

オセアニア・アジアゾーン

太古の地球が陸で繋がっていたことを今に伝えてくれる［アロワナ］の仲間や世界最大級の淡水魚［メコンオオナマズ］、骨や内臓が見えるほど透明な体を持つ［トランスルーセントグラスキャット］、口に含んだ水を発射して水面より上の葉に止まった昆虫などを撃ち落として食べる［テッポウウオ］など、ユニークな淡水魚を展示しています。［フクロモモンガ］や［ワライカワセミ］など、さまざまな生きものも見どころのひとつ。

オーストラリアに生育する大型のカワセミの仲間［ワライカワセミ］。運が良ければ人の笑い声のようなさえずりが聞けるかも！？

アフリカゾーン

［サカサナマズ］の仲間としては世界最大の［ヘミシノドンティス］、凶暴な魚として知られるミステリアスな風貌の［プロトプテルス・エチオピクス］、古代魚と呼ばれる［ポリプテルス・ビキール・ビキール］や［ポリプテルス・エンドリーケリー・エンドリーケリー］など、不思議で多様な魚たちを展示。さらに、水辺にすむ［パンサーカメレオン］や夜行性のサル［ショウガラゴ］の姿も観察することができます。

マラウィ湖やタンガニーカ湖にすむ独自の進化を遂げた色とりどりな［アフリカンシクリッド］の仲間たち。

9階フロア

南アメリカゾーン

パンタナルエリア　南アメリカの中心に位置する世界最大級（日本の本州に匹敵）の熱帯湿原「パンタナル」を『カワスイ』の展示水槽のなかで最も大きな水槽で再現。［ネオンテトラ］など水中できらめく小さな生きものたちが約8000匹、展示されています。

レンソイスエリア　ポルトガル語で"シーツ"の意味を持つ真っ白な砂丘「レンソイス」。雨季になるとエメラルドグリーンの湖が現れ、魚も泳ぎ出します。しかしその魚たちがどこからやってくるのかはいまだに解明されていません。『カワスイ』では、文献をもとに［ヘッドアンドテールライトテトラ］をはじめとした真っ白な砂丘に映える美しい魚たちを集めて展示しています。

パノラマスクリーンゾーン

通常展示では、全長約6,000キロメートルのアマゾン川にすむ［アマゾンカワイルカ］や［アマゾンマナティ］などを約200度の広角スクリーンに実寸大で投影。時間帯によっては、カワスイのクルーが［バンドウイルカ］［シャチ］［イッカク］［マッコウクジラ］［ザトウクジラ］［セミクジラ］など、世界の海に暮らす生きものを紹介してくれることも。

［アマゾンカワイルカ］や［アマゾンマナティ］がお客さまの動きに反応して手を動かしたり、くるくるとまわったりと愛らしい姿を見せてくれます。

アマゾンゾーン

9・10階の吹き抜けを生かしたアマゾンゾーンでは、熱帯雨林に降り注ぐスコールや、植物を包み込む霧を再現。世界最大の淡水魚［ピラルク］や［ピラニア］、体長2メートルほどに成長するといわれる［レッドテールキャット］などの魚はもちろんのこと、［カピバラ］など、川辺にすむ生きものにも出会えます。また、昼と夜では異なる光の演出を楽しむことができます。

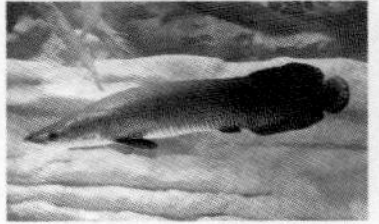

ピラルク

カピバラ

『カワスイ』の裏側も大公開中！！

南アメリカゾーンにある「アグア・ラボエリア」。飼育備品や予備水槽、アマゾンゾーン用の雨霧ウォーターサーバー、アマゾン雨霧ユニット、ろ過循環ポンプなど、一般的な水族館では見ることのできない機器をガラス越しに見学が可能。バックヤードツアーに参加すれば、アグア・ラボエリア内から機器を見ることもできます。

通路側から見た「アグア・ラボエリア」

「アグア・ラボエリア」内から見たアマゾンゾーン用の雨霧用の装置

お客さまに喜んでいただくために さらに〝いい水族館〟になれるよう邁進します！

――なぜ、既存のビルの上階に水族館をつくろうと思ったのですか？

『カワスイ 川崎水族館（以下カワスイ）』のある「川崎ルフロン」は、１９８８年に地上10階、地下2階の駅前商業施設として誕生しました。その「川崎ルフロン」が２０１８年、２０２０年夏をめどにリニューアルするとともに、9・10階に水族館を誘致することを発表しました。

その水族館の企画、設計、運営を行う会社を決めるコンペが開催されることを知った私は、すぐに水族館や子ども向けテーマパークで働いていた人、レストランや物販に詳しい人など、新しい水族館運営に必要と思われるさまざまな分野の人に声を掛け、株式会社アクア・ライブ・インベストメントを設立しました。満を持して参加したコンペでは、当社を含め3社が参加するはずが2社は辞退！ その結果、私たちが新しい水族館の企画、設計、運営を担当することになりました。

――『カワスイ』がオープンするまでのなかで、どのような苦労がありましたか？

既存のビルのなかにつくるため、天井の高さや防水面での苦労はもちろんありましたが、一番気を使ったのは水槽の配置です。1トン以上の水槽は床を支える梁のうえに置くしかなく、さらには必要に応じて梁と梁の間を小梁で補強するなど、とにかく荷重には細心の注意を払いました。

また、一般的な水族館では、館内全体の照明を暗めにし、壁側に大きな水槽を配置して、そちらを明るくすることでお客さまの目を水槽に集めるような演出を行います。しかし、『カワスイ』の場合、その配置は前述の通りできません。構造上の問題をクリアしたうえで、魅力的な水族館にするにはどうすればよいのか――。「もう二度と既存のビルに水族館はつくらない！」と思うほど悩みましたね。

――演出面ではどのような工夫をされたのか教えてください

『カワスイ』では、幅と高さが1メートルで、長さが2メートルの水が2トン入るくらいの水槽を数多く展示しています。なかには壁に埋め込んでいるものもありますが、大半の水槽は壁から離した場所に配置しています。そこへ照明や音響、映像などを駆使することで、まるで自然の中で生きものを見ているような感覚を体験することができます。

また、よりリアルな自然環境を再現したいと思い、たとえばアマゾンゾーンであれば、霧やスコールを再現したのはもちろんのこと、実際にアマゾン川にクルーが行ったときに見付けたゴミも展示しています。それぞれのゾーンに魚だけでなく、その川辺に生える植物や鳥や動物などの生きものを一緒に展示しているのもリアルさを求めてのことです。

背景と植栽と水槽が一体化した空間が広がる多摩川ゾーン

――〝川の生きもの〟を選んだのも工夫のひとつですか？

東京都内に数多くの水族館があることを承知のうえで、都内に近接する川崎市に小規模な〝都市型水族館〟を新設するのですから、都内の〝都市型水族館〟と同レベル、できればそれ以上の水族館をつくる、これが私たちの使命だと思いました。

では、何をテーマにすればほかの水族館との差別化が図れるのか。いろいろ検討した結果、たどり着いたのが〝川の生きもの〟でした。気候や環境が違えばそこに生息する〝川の生きもの〟も違ってくることがわかれば、さらに深く知ろうとリピーターになってくれるはず……。そう思った私たちは、まずは環境が異なる川やエリアを選出し、そこに生息する魚や鳥、動物、植物を一緒に配置することにしました。また、昼と夜の二部制にしたのは、昼と夜で行動する生きものが異なることも知ってほしいと考えたからです。

アマゾンゾーン［ピラルク］の水槽の昼と夜

――いろいろな最先端技術も取り入れられているようですが……

ひとつは、次世代展示システム【LINNÉ LENS Screen（リンネレンズスクリーン）（開発・提供：Linne株式会社）】を世界で初めて導入しました。このシステムは8つの水中カメラで撮影した映像をAIがリアルタイムで解析し、水槽内の生きものの種名と解説を大型のディスプレイやタッチスクリーンに自動で表示することができます。

もうひとつが【QR魚名板】の導入です。一般的な水族館では、水槽近くに種名や解説を掲示しますが、そうすると生きものを見る前に説明文を読んでしまいがちに。『カワスイ』では、生きものを見てから「これは何？」と調べてもらおうと、各水槽や一部のゾーン、パノラマスクリーンゾーン（アマゾンゾーン）にQRコードのみを掲示しました。スマートフォンやタブレット端末でそれぞれのQRコードを読み込むと、各水槽やゾーンに展示された生きものの名前や特徴が表示されるんですよ。

――新型コロナウイルスの影響はありませんでしたか？

6月から順次海外から搬入されてくるはずだった魚が届かないことがわかったときはとても焦りました。慌てて国内調達に変更しましたが、魚を水槽内の水質に慣らすための調整期間がどんどんと短くなって。一時は「オープン日に魚がいないかも!?」と心配したほどです。

何とか予定通りにオープンしたものの、今度はお客さまに来館してもらえるか心配になって……。幸いにも地元、川崎市に住む方が年間パスを購入してくださったから、想像以上のお客さまが来館され、安心しているところです。

――これから取り組んでいきたいことをお聞かせください

『カワスイ』の展示や演出をさらに充実させていくのはもちろんのこと、今後は環境問題について触れていければと思っています。とはいっても、『カワスイ』の展示や演出だけで表現するのは難しいので、学校単位で小学生たちに学んでもらえるような機会を多く設ける予定です。また、併設するレストランを使った食育も計画しているところです。

そして、『カワスイ』のような特徴を持った〝都市型水族館〟を全国各地につくりたいと思っています。すでに、これから新設される商業施設内の水族館に関する依頼を受けているので、どんな水族館が新しくできるのか、期待していてください。

――坂野さんが考える〝いい水族館〟とは？

「〝想い〟が伝わる水族館」です。では、どうすれば「〝想い〟が伝わる水族館」になるのか。まずは『カワスイ』にかかわるクルー全員が生きものに対して〝恕る気持ち〟、いわゆる〝おもいやり〟を持ってほしいと思っています。水質に問題はないか。お客さまにエサやりをしてもらえるように訓練する際、カピバラに無理強いをしていないだろうか。そんな〝恕る気持ち〟があれば、来館されたお客さまが『カワスイ』の生きものに接した際、私たちの〝恕る気持ち〟を自然に感じていただけるはずです。

そのうえで、来館されたお客さまに対し、解説を求められなくても、こちらから話し掛けることで興味関心を高めてもらう――。また、クルーが互いに知識を深め合い、どうすればさらにお客さまが喜ばれるかを考え合う。これも、『カワスイ』を〝いい水族館〟にするためには欠かせないことだと思っています。

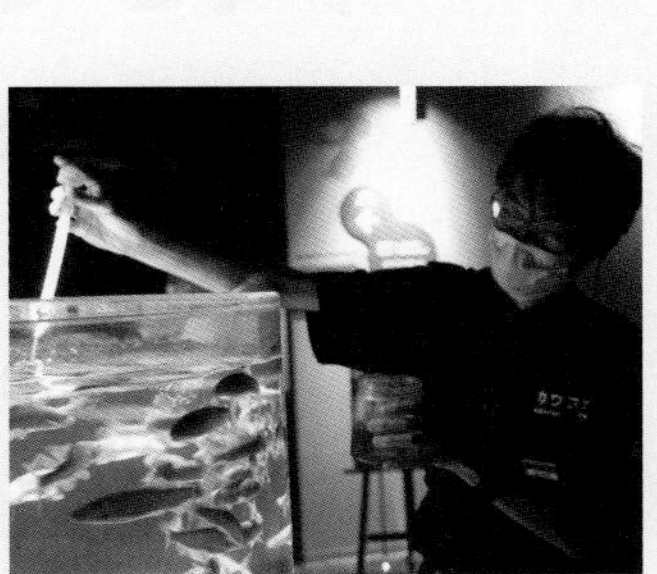
多摩川ゾーン ［アユ］にエサを与えるクルー

現在、『カワスイ』で働くクルーの大半が20代から30代なので、これからどんな〝いい水族館〟に育ててくれるのか、今から楽しみでなりません。

――最後に、坂野さんのおすすめの水槽を教えてもらえますか？

館内すべてがおすすめですが、あえて挙げるならば、南アメリカゾーンのパンタナルエリアです。ここには、『カワスイ』の展示水槽のなかで最も大きな水槽が配置されていて、小型の［ネオンテトラ］などの生きものが展示されています。まず、水槽そのものがコの字型をしているので、いろいろな角度から生きものを見ることができます。また、少し水槽から離れてもらうと、前景に水槽、中景に植栽、後景に実際に南米・アマゾン川流域にて撮影した映像と、立体的なパンタナルの水辺の世界が体感できるのも特徴のひとつです。ちなみに、私の一番のおすすめの見方は、「少しかがんで水槽越しに後景に流れる映像を見る」です。水槽のなかの小さな魚や後景が水面に反射され……。その美しさは言葉では表せません！ ぜひ、自分の目で確かめてくださいね。

坂野 新也 さん

株式会社アクア・ライブ・インベストメント
代表取締役CEO

1945年和歌山県生まれ。1973年の沖縄海洋博覧会水族館プロジェクトへの参画以来、約50年にわたり水族館プロデュースの第一線で活躍。鴨川シーワールドやサンシャイン水族館、葛西臨海水族園の開発に携わる。2019年3月に株式会社アクア・ライブ・インベストメントを設立。水族館事業関係者や異業界の専門家、新しい技術テーマに挑戦する企業と共に、新しい水族館の創造に挑む。日々生きものと向き合い、愛情豊かに魚や動植物を育てる飼育員の想いが入館者に伝わる水族館づくりを目指す。

坂野さんにとって
「カワスイ 川崎水族館」
とは

恕
おもいや(る)

カワスイ
坂野新也

浦和明の星女子中学校

埼玉　さいたま市　女子校

PREMIUM SCHOOL

「一人ひとりを大切にする教育」によって使命を生きる人間を

カトリックのミッションスクールである浦和明の星女子中学校。
キリスト教の人間観に基づき、生徒それぞれが「最善の自分」として
生きることを期待する教育を実践しています。

学校名「明の星」に込められた思い

浦和明の星女子中学校（以下、浦和明の星女子）の正門を入ると、チャペルと鐘楼の３つの鐘が目に入り、カトリックのミッションスクールであることが感じられます。

明の星学園の母体は、１８５３年創立の教育活動を目的とする聖母被昇天修道会です。１９３４年に５人のシスターたちが、青森で教育を始めました。その後、１９６７年には、埼玉に浦和明の星女子高等学校、２００３年には中学校が設置され、中高一貫教育がスタートしました。

学園名、学校名にある「明の星」とは金星のことで、聖母マリアを意味します。金星は遠い昔、航海をする人が航路を決定する際に基準とした星です。そしてカトリック教会では、人生の行く道を示す存在として、聖母マリアを金星になぞらえ「明の星」という呼び名で表します。

学校名「明の星」には、生徒が聖母マリアにならい、輝いてほしいという願いが込められています。

「一人ひとりを大切にする教育」を

浦和明の星女子では「一人ひとり

を大切にする教育」を行っています。それは、生徒それぞれに、固有の使命、存在意義があると考え、生きることを助ける教育です。

校訓は「正・浄・和」というもの。

「正」は「一人ひとりが『かけがえのない人間』として、『ほんとうの私』として生きること」

「浄」は「『ほんとうの私』として生きるために、『ありのままの自分』をうけとめること」

「和」は「『ほんとうの私』には、自分ひとりでではなく、みんなとともに助け合ってなっていくこと」を意味します。

そして、校訓を実践するためのモットーとなるのが、「Be your best and truest self.」（最善のあなたでありなさい。そして、最も真実なあなたでありなさい。）という初代校長・エブリン・ブロー先生の言葉です。

このように、校訓やモットーも「一人ひとりを大切にする教育」を支えるものと位置づけ、キリスト教的人間観を土台とした人間形成を行うことこそが、浦和明の星女子の大きな特色です。

中1から高3まで全生徒が使用する昇降口は吹き抜けになっています。明るく開放的なだけでなく、1階にいる友人に2階から声をかけられるなど、コミュニケーションが取りやすいように配慮されているのです。

また、校舎のいたるところに生徒同士、生徒と教員が座って語りあえる机やイスが置かれているのも特徴です。中庭には芝生や噴水もあります。遠くにいる友人にもすぐに気づくことができるような見通しのいい配置で、生徒の憩いの場です。

敷地内にあるチャペルは、いつでも入れるよう、つねに開放されています。

そのほか、約10万冊を所蔵する図書館、大学レベルの設備が備わった3つの実験室、全校生徒を収容できるジュビリホールなどもあります。ジュビリホールは、クリスマス行事や「アッセンブリ（全校集会）」で使用されます。

「最善の自分」に向けて学んでいく

充実した教育環境のもと、高いレベルの授業が行われているのも浦和明の星女子の魅力です。

例えば理科では、前述した実験室を活用しながら数多くの実験に取り組みます。新型コロナウイルス感染症拡大防止のための臨時休校措置が明けた現在も、グループではなく個々に実験を行うなど、配慮しなが

カフェテリア

ステラホール

チャペル

校舎は、居心地のいい造りです。カフェテリアやステラホールなどの施設、自由に入れるチャペルもあります。

ら実施されています。1人1台の顕微鏡があるなど、充実した設備がそれを可能にしています。

実験後は、必ずレポートを作成するのが特徴です。レポートは目的、準備、方法、結果、考察、感想と細かく項目が分けられており、結果の項目は、文章に加えてスケッチや表なども取り入れながらまとめるよう指導されています。中1からこうした経験を積んでいくことで、考える力や観察力などが育まれていくのでしょう。

高2からは、希望する進路によって文系・理系のコースに分かれます。高3では、多くの選択授業が設置されるなど、大学進学へ向けた指導体制も万全です。

また、進路指導においては、いわゆる偏差値で大学選択をするのではなく、自分の存在をしっかり見つめ直し、将来の生き方を考えること、自己実現できることが一番に考えられています。「最善の人間として生きるための道を探す手助け」、これが浦和明の星女子の進路指導です。

もちろん、勉強ばかりするのではなく、行事や部活動にも熱心に取り組むのが浦和明の星女子の生徒みんなの姿勢です。

スポーツデーなどの行事は、生徒による実行委員会が主体となり企画・運営されます。例年、実施する種目やルールも委員会で話しあい、決定されます。

部活動は、中高合同で活動する部が多くあります。日々の部活動や行事を通じて、先輩・後輩のきずなが築かれています。

浦和明の星女子は、キリスト教の精神に触れながら、自分の使命を生きる道を見つけられる学校です。

入試情報(2021年度)

	第1回	第2回
募集人員	120名	40名
出願期間	12月14日(月)～1月6日(水)	1月21日(木)～2月3日(水)
試験日	1月14日(木)	2月4日(木)
合格発表	1月16日(土)	2月5日(金)

筆記試験：国語、算数、社会・理科

浦和明の星女子中学校

所在地：埼玉県さいたま市緑区東浦和6-4-19
アクセス：JR武蔵野線「東浦和駅」徒歩8分
生徒数：女子のみ527名
ＴＥＬ：048-873-1160
ＵＲＬ：https://www.urawa-akenohoshi.ed.jp/

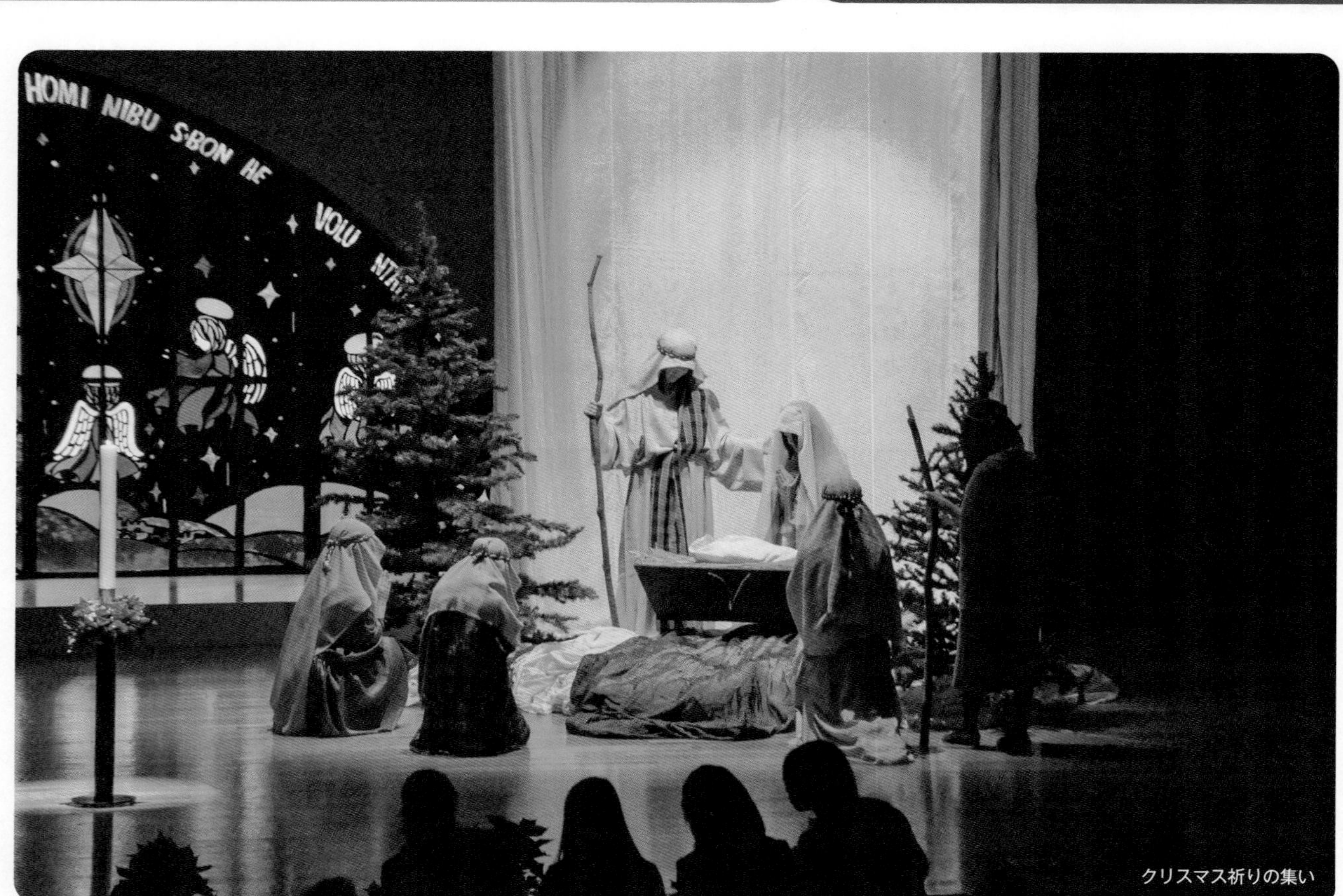

クリスマス祈りの集い

校長先生インタビュー
Interview

仲間と心を通わせながら「自分として」生きてほしい

浦和明の星女子中学校 島村 新（しまむら しん）校長先生

「和」をテーマに「みんなで」を考える

【Q】御校の「教育の姿」を教えてください。

【島村先生】 校訓の「正・浄・和」を教育の基本としています。

本校では「アッセンブリ（全校集会）」という、全生徒が集まる機会を定期的に設けています。毎年の「アッセンブリ」のテーマは校訓からとっており、今年度のテーマは「和」です。

新型コロナウイルス感染症（以下、コロナ）の影響もあり、とくに「和」、「みんなで」を考える機会が多くなっています。

ただ、今年度はこのような状況ですから、「アッセンブリ」を行うことは難しく、現在も、まだ一度も実施できていません。

そこで、「アッセンブリ」の手紙を、4月～5月の臨時休校中は生徒宅に郵送し、分散登校開始後の6月からは、その都度いつものように配付しています。

【Q】臨時休校や分散登校が実施されている間は、「みんなで」集まったり、色々なことに取り組んだりすることができなかったと思いますが、なにか気をつけていたことはありますか。

【島村先生】 学習面においては、授業動画を配信していました。生徒には動画を見たうえで、課題やレポートを提出してもらいました。

また、私からは、いっしょにいることはできなくても、みんなの心は1つであるということを、手紙や動画で生徒に伝えていました。

私のメッセージに対して、生徒からも手紙や作文が届いていて、それを読むと、彼女たちも「みんなで」について考えてくれていたのがわかりました。

例えば、「改めて、みんながいるからこそ明の星が成り立っていると思いました」「学校に行かなくてもつながっている実感がわき、元気をとりもどすことができました」といった内容です。

物理的に離れていても、心は1つであることを生徒が感じてくれていたのがとても嬉しかったですね。

【Q】分散登校をしていたときの生徒さんの様子はいかがでしたか。

【島村先生】 クラスを半分にして、午前と午後に分けて登校していました。そのため、一斉登校になるまで、中1はクラス全員で顔を合わせるこ

職員室前で質問をする生徒

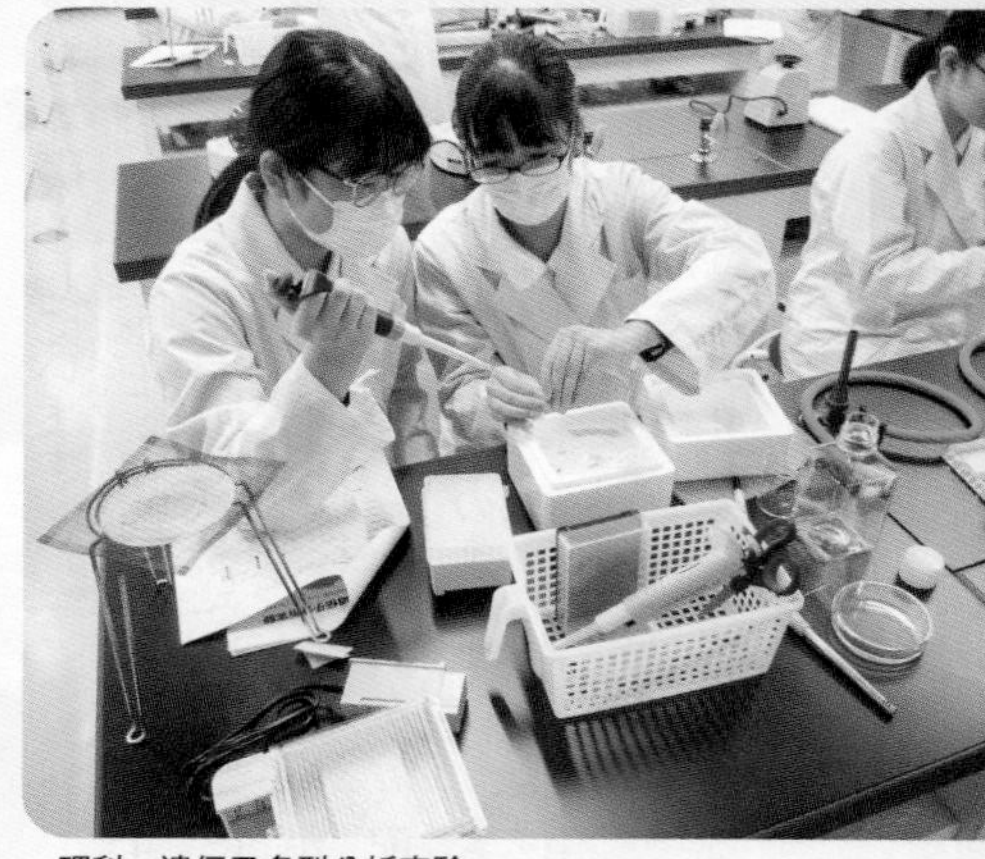
理科・遺伝子多型分析実験

アッセンブリ

浦和明の星女子の生徒は、勉強や行事、部活動に加え、幼稚園や老人ホームでのチャリティー活動などにも取り組みながら、自分に与えられた使命をまっとうできる道を見つけていきます。

とがなかったわけです。しかし、午前に来た生徒が、午後の生徒に向けて黒板にメッセージを書き、午後の生徒がそれに答える、というやりとりがみられました。

これは、生徒が自主的に行ったことです。一度も顔を見たことがないクラスメイトに対して、そうしたことができる。とてもすばらしいことだと思います。

その様子を見て、たとえ会ったことがなくても「みんなで」を意識することはできる、「みんなで」をかなえる条件は、距離ではなく、「お互いに心を通わせること」なのだと実感しました。

1人ひとりの「個」を認め 自己実現をサポートする

【Q】 御校では、「Be your best and truest self.」（最善のあなたでありなさい。そして、最も真実なあなたでありなさい。）というモットーを掲げていらっしゃいますね。

【島村先生】 はい、これは、校訓にもつながるものです。神から与えられた命を生きる、これが「正」、そしてありのままの自分を認めるのが「浄」です。「和」については、すでに話した通りです。

人間も含め、ものには必ず存在する意味があります。その意味に合った生き方をすることが大切です。もちろん人と比べたり、競争したりする必要はありません。ただし、それは努力しなくていいということではなく、「自分として」生きていくのです。

自己実現できる道を探し、その目的に向けて努力するということです。

本校では「一人ひとりを大切にする教育」を実践しています。生徒それぞれの「個」を認め、その実現を手助けする、これこそが進路指導を含めた浦和明の星女子の教育方針です。

「試練」のなかでも 仲良くすることを大切に

【Q】 ほかにはどんなことを大切にされているのでしょうか。

【島村先生】 先ほどの「和」にもつながることですが、「仲良くする」ということです。

現在、私たちはコロナの影響で「自分ひとり」になってしまいがちですよね。日ごろから大勢で集まるのを避けて、ソーシャルディスタンス（社会的距離）をとることが必要なためです。しかし、このコロナ禍を乗りきるためには、「みんなで」「仲良くする」ことが必要なのではないでし

明の星祭

スポーツデー

吹奏楽部

バスケットボール部

クリスマスチャリティー活動・幼稚園訪問

写真提供：浦和明の星女子中学校　※写真はすべて昨年度以前に撮影されたものです。今年度の行事は中止、変更の可能性があります。

ょうか。

コロナの拡大は前代未聞の世界的な困難であるといえるでしょう。そして、いま社会で考えられているのは、「コロナとはどんなものか」ということです。もちろん、それが医学的、科学的に解明されれば、薬やワクチンができるのでとてもいいことです。しかし、同時に、「なぜコロナが存在するのか」という根源的な問いについて考えてみると、この困難は、私たちに与えられた「試練」と考えることもできるかもしれません。

この大きな「試練」に立ち向かうなかで、人々は本来「和」を意識して、お互いに協力していかなくてはなりません。しかし、この状況下で、それができていない場面を目にすることも少なくありません。

我々大人は、マスクをしていたらコミュニケーションを取りづらい、オンラインでもいいから顔を合わせなければならないなどと考えてしまうわけですが、生徒は違います。すでにお伝えしたように、たとえ一度も会ったことがないクラスメイトとも、心を通わせて「仲良くする」ことができるのです。

生徒の手紙のなかには「私のほかにもこの課題に取り組んでいる仲間がいるのだ」という気づきや、「これからはじまる中学校生活を想像すると、不思議と離れているのにみんなが近くにいるような、そして自分も憧れの明の星生になれたのだという実感がわいてきました」といった言葉も見受けられました。

これからも生徒のこうした「みんなで」という気持ちを大事にしていきたいと思います。

【Q】最後に受験生に向けたメッセージをお願いします。

【島村先生】「学校」とは建物のことをさすのではありません。「学校」とは生徒みんなのことです。

コロナという「試練」は、まだまだ終わらないかもしれません。しかし、「みんなで仲良くする」ということを、私たちそれぞれが真剣に考えていけばいいのです。遠くにいたとしても、心を通わせ、お互いを思いあい、同じ方向を向いて歩んでいくこと。それがコロナと戦うことになると思います。

本校は「和」を重んじると同時に、「一人ひとりを大切に」という教育を実践しています。「自分として」生きる道を見つけたいと思っている生徒さんにはぴったりの学校です。自己実現したいみなさんをお待ちしています。

世の中のなぜ？を考える 社会のミカタ 21

このコーナーでは日本全国の自治体が独自に制定している「条例」を取り上げて解説します。「この条例はなぜつくられたのか？」を、一緒に考えてみましょう！
地域の特性や歴史的な背景を探ることで社会に対する見方を学ぶことができます。

千葉県●松戸市
「コロナ緊急人権宣言」

今回紹介するのは千葉県松戸市で「緊急に」発せられた宣言になります。松戸市は千葉県の北西部に位置する人口約50万人の市です。東京都とは、江戸川を挟んで葛飾区に、そしてほんの少しだけ江戸川区に接していますよ。地図帳で確認すると、松戸市のほぼ中心部を国道6号がJR常磐線と並びながら縦断していることがわかります。この国道6号の地元での呼び名が〝水戸街道〟です。

水戸街道は江戸時代に定められた幹線道路で、五街道に準ずる脇街道の一つになります。千住宿を基点に、松戸宿、取手宿、土浦宿など19の宿場を経て、水戸に至る約116kmの行程です。当時は2泊3日で歩いていました。松戸市は水戸街道の宿場町である松戸宿として栄えたという歴史があるのです。江戸と水戸を結ぶ街道が重視された理由には、徳川御三家の一つである水戸徳川家の存在があります。将軍の補佐役と目され、水戸藩主は江戸に生活の本拠を置いていました。参勤交代も求められなかったのです。まれに藩主が国許である水戸に下るときの行列は盛大で、幕府の役人であろうと土下座して送り迎えしたと伝えられています。時代劇の中で「下に、下に」の掛け声で知られるあのシーンですよ。ただの大名行列では使われない掛け声なのです。「水戸の副将軍」「天下の副将軍」といった言い回しも、現代の時代劇のなかだけではなく、江戸時代から講釈師（明治時代からは講談師と呼ばれるようになります）が使っていたそうです。もちろん副将軍という役職は正式にはありませんよ。

もう一つ、社会の学習で忘れてはいけない松戸市に関するエピソードがあります。それは「二十世紀梨」発見の地であるということです。現在その場所は「二十世紀が丘梨元町」と名付けられ、記念碑や鳥取県から贈られた感謝の碑

早稲田アカデミー 教務企画顧問
田中としかね

東京大学文学部卒業
東京大学大学院
人文科学研究科修士課程修了
著書に『中学入試日本の歴史』『東大脳さんすうドリル』など多数
文京区議会議員として、文教委員長・議会運営委員長・建設委員長を歴任

が立っています。明治21（1888）年に発見された新種の梨は「これからやってくる二十世紀を代表する品種になる」との思いから「二十世紀梨」と命名されたのでした。鳥取県から感謝されていることからもわかるように、かつては「梨といえば二十世紀梨」で、その出荷量の多い鳥取県が梨の生産量日本一を誇っていたのでした……平成の半ばのころまでは。その後、甘みの強い梨の品種である「幸水」や「豊水」の人気が高まり、現在では梨の県別出荷量ランキングは入れ替わっています。栄えある一位は現在千葉県が獲得しています。ただ、皆さんにとっては「梨の妖精　ふなっしー」の宣伝のおかげで、「千葉県が一位」であることが知識として定着しているのかもしれませんね。

そんな千葉県の松戸市で、今年の8月1日に出されたのが「コロナ緊急人権宣言」です。正式には「新型コロナウイルス感染症の感染拡大に伴う人権尊重緊急宣言」になります。夏休みのころの状況を思い出してみましょう。国の緊急事態宣言は解除されたものの、感染者数は都市部を中心に再び増加に転じ、依然として予断を許さない状況となっていました。新型コロナウイルス感染症への対応が長期化するなか、感染された方やその家族に対して、また、感染リスクにさらされながら人々の健康を守るために最前線で懸命に闘っている人々―医療・介護関係者をはじめとする、社会生活を支えるために日々奮闘している多くの関係者（＝エッセンシャルワーカー）やその家族に対して、心ない差別的な発言や偏見に基づくいじめなどが大きな社会問題となっていました。目に見えないウイルスへの不安から、その矛先が目の前にいる人間に向かってしまったのです。感染のリスクは誰にだってあるにもかかわらず、です。松戸市では人権尊重と正しい情報と知識に基づいた行動をとることの大切さを、市民に訴えたのでした。

人権は、いかなる場合でも尊重されるべき基本的な権利であり、日本国憲法の三大原則の一つです。誰もが生まれながらにして持っている、人間の尊厳に基づく固有の権利で、自分も、自分以外の人も、すべての人が「人間らしく、自分らしく生きる」ために必要なものです。偏見や思い込みに起因する差別は、この人権にするどく対立するものです。日本では、法務省などが中心となって差別解消に向けた取り組みを行っています。世界では、国際連合が人権教育の推進を呼び掛けています。「世界人権宣言」はご存知でしょうか。「すべての人間は、生れながらにして自由であり、かつ尊厳と権利とについて平等である」。この有名な文言から始まる世界人権宣言が国連総会で採択されたのは、1948年12月10日になります。人類が20世紀に二度の世界大戦を経験して、多くの尊い生命を奪い、悲劇と破壊をもたらしたことへの反省から、平和と人権の尊重を推進するために採択されたものです。国連はこの日を「人権デー」と定め、人権尊重を世界に訴えています。日本でも毎年12月4日から10日の一週間を「人権週間」として、全国各地でさまざまな啓発事業を実施していますよ。

歴史上、感染症は人類が繰り返し直面してきた大きな脅威です。日本も例外ではありません。奈良の大仏を建立した聖武天皇の天平時代は、天然痘の大流行期でもありました。大宝律令の編纂に携わった藤原不比等の四人の息子たちが、そろって病死したのもこの時期です。聖武天皇は疫病を鎮める目的もあって大仏を建立しました。そうした伝統を現代にも引き継ぐ東大寺では、新型コロナウイルス早期終息と罹患した方々の早期回復、感染により亡くなられた方々の追福菩提のために祈りを捧げ続けています。新しい生活様式を守りつつ、一日も早い感染症の終息を願うとともに、新型コロナウイルス感染症に関する「差別・偏見やいじめなどのない」世の中を、皆さんもともに目指していきましょう。

今月のキーワード

地理的要素 ● 国道6号線　二十世紀梨
歴史的要素 ● 徳川御三家　聖武天皇
公民的要素 ● 法務省　世界人権宣言
時事的要素 ● 緊急事態宣言　エッセンシャルワーカー

それぞれの要素から、今月取り上げた条例に「逆算的」にたどり着けるか、考えてみよう！

ススムくん
何でも知りたがる
小学生の男の子

ユメちゃん
ふむふむ考える
小学生の女の子

ススムくん&ユメちゃんの

世の中まるごと見てみよう！

消防車って、どうやってつくるの？

サイレンを鳴らしながら街のなかを走り抜けていく消防車！　困っている人を助けるために現場に駆けつける姿が、すごくかっこいいよね。

消防車って、普通の自動車とは見た目も機能も全然違うけど、どうやってつくるものなのかな？　つくっている会社の人に聞いてみようよ。

「消防車」とは？

正式には「消防自動車」といい、消防活動を行うための車両全般のことを指します。火災のときはもちろん、水害や地震といったさまざまな自然災害や大規模な交通事故が起こったときなどにも、被害の拡大を防ぎ、人命を守るために出動します。

今回お話をしてくれたのは……
「株式会社モリタ」の皆さんです！
国内の消防自動車の約58.7%を製造している、消防自動車のトップメーカー。

仲間がいっぱい！

はしご付消防車

高層ビルなどの高い所で災害が発生した際に活躍する消防車。積まれているはしごの長さは、国内最長のもので54メートル！　なんと18階建てのビルほどの高さまで届きます。

消防車は、すべてオーダーメードで、同じ構造のものは1台もないんだって！

消防車の色は法律で「朱色」と定められているけれど、ひとことで「朱色」といっても、実際の色味は地域や消防署などによってさまざま！　蛍光オレンジに近い色や、えんじ色に近い色の消防車もあるんだよ。

消防ポンプ自動車

全国の消防署や消防団で使用されている車種。消火活動の要となる種類の消防車です。ポンプを積み込んでいるため、ホースをつないで放水することができます。

救助工作車

交通事故や自然災害が起きたときに出動します。障害物を取り除いたり暗闇を照らしたりするなど、どんな場所でも消防活動できるように、クレーンやウインチ、大型の照明器具など、たくさんの道具を荷台部分にぎっしり積んでいます。

ススムくん＆ユメちゃんが自分でやってみた！

野菜づくり編②

プランターで小松菜とラディッシュを育てているススムくんとユメちゃん。順調に育っているかと思いきや、本葉が出るころにはひょろひょろと頼りなくなってしまいました。

8/10：29日目

小松菜が大きくなってきた！　でもススムくん、ラディッシュの様子がおかしくない？

おかしいよ〜！　根っこの部分が地面の上に出ちゃって、全然丸くなってないよ〜！

8/14：いよいよ収穫！

ラディッシュは最後まで丸く膨らまなかったね。何が原因だったのか調べてみるよ。ふむふむ……

徒長

双葉（子葉）が出た後に日照時間が足りなかったり水をあげすぎたりすると、茎だけが細く長く伸びてしまう現象。徒長してしまうと、うまく育たない場合があります。

他にも、夜の気温が高すぎたり、芽を間引かなかったり※するのもよくないんだって！

※「間引く」とは、成長の遅い芽などを取り除くこと

種まきのときの深さも大切みたいだ。野菜の成長にはいろいろなことが関係しているんだね。

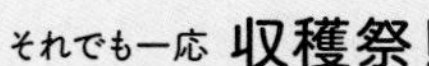

それでも一応 収穫祭！

ラディッシュの葉のナムル

小松菜のソテー

フレッシュリーフ

自分で育てた野菜はすごくおいしかったよ（量は少なかったけど……）。涼しくなってきたら、もう一度ラディッシュの栽培にチャレンジするぞ！

そういえば、消防車ができるまでは、どうやって火事を消し止めていたのかな？

昔の消火活動

江戸時代の日本では、「破壊消防」と呼ばれる、炎が燃え広がる先の建物を壊すという方法で被害の拡大を防いでいました。この方法は、明治時代まで長く続けられていましたが、明治40年（1907年）ごろ、大型の「水鉄砲」を使った「水」による消火方法が普及しはじめます。そして、より効率よく消火できるようにするために消火器具の開発や改良が重ねられ、大正時代の初めごろから「消防自動車」による消火活動が主流となっていきました。

◀明治40年（1907年）火防協会製造の消火用水鉄砲

「はしご付消防車」ができるまで

車体は別の会社がつくっているんだね。なんと、土台になるのはトラックの車体なんだ！

❶ 車体入荷

土台となる車体に、運転席とエンジンだけがある状態です。

❷ 塗装

外装や部品などを赤く塗ります。

それぞれつくりが違うから、職人さんがほとんど手作業で塗装をしているんだよ！　手間が掛かっているなあ……

❸ 架装

オーダーメードの設計図をもとに、骨組みやボディ部分、各種装置などを組み立てます。

❹ 梯体積込

いよいよ、はしごを車両に積みます！

❺ 鑑定試験

整備や検査の後、外部の団体が行う試験を受けます。

組み立て終わっても、すぐに使えるわけではないよ。試験の他にも、警察庁や自治体などと連携して、さまざまな手続きをする必要があるんだって。

株式会社モリタ
営業本部
昔農 怜磨さん（右）
蒲生 依里香さん（左）

株式会社モリタの皆さんから

人命救助は1分1秒を争います。だから私たちは、救助の現場で働く消防隊員・消防団員の皆さんにとって最も使いやすい消防車をつくるため、緊急時に迅速に対応できるよう機能を充実させることや、不具合が絶対にないようにということを心掛けています。

また、消防車に求められる機能や仕様は、その消防車によって一つひとつ異なります。例えば、地域ごとに違う形の消火栓から給水するためのパーツや、女性隊員の身長に合わせた手すりなど、さまざまなご要望があります。現場のニーズに合わせ、いち早く活動ができることを最優先に、消防隊員・消防団員の皆さんと協議を重ねながら、世界でたった1台の消防車をつくり上げていくのです。

取材協力

株式会社モリタ　東京本社
〒108-0014　東京都港区芝5丁目36番7号三田ベルジュビル19階
TEL.03-6400-3481　https://www.morita119.jp/

株式会社モリタは、1907年（明治40年）の創業以来、110年以上にわたり日本の消防技術の発展をリードしてきました。また、近年は消防・防災だけでなく、環境保全などの分野にも事業を展開。災害から生命や財産を守り、安全で快適な生活を提供する企業を目指しています。

お仕事見聞録

「働く」とは、どういうことだろう…。さまざまな分野で活躍している先輩方は、なぜその道を選んだのか？仕事へのこだわり、やりがい、そして、その先の夢について話してもらいました。きっとその中に、君たちの未来へのヒントが隠されているはずです。

営業推進本部 BOSSブランド担当者

サントリー食品インターナショナル株式会社

中城　崇史さん

PROFILE
2007年3月、埼玉県私立開智中学高等学校卒業。2011年3月、慶應義塾大学商学部商学科卒業。同年4月、サントリーフーズ株式会社（現 サントリー食品インターナショナルのグループ会社）に入社、関東・甲信越支社長野支店へ配属となり営業を担当。2014年4月からは、首都圏支社企画部営業推進課、営業推進本部チェーン推進グループにて営業サポートに従事する。2018年9月、営業推進本部ブランドグループへ異動、現在に至る。

―サントリー食品インターナショナルとは？

『BOSS』『伊右衛門』『天然水』など、長年にわたり愛され、親しまれてきたブランドを中心とした清涼飲料水や食品の製造・販売事業を展開するサントリーグループの会社です。

日本をはじめ、欧州・アフリカ、アジア、オセアニア、そして米州など、70以上の国・地域において、年間約210億本（2019年度の実績・500mlボトル換算）もの清涼飲料水を販売しています。

―サントリー食品インターナショナルに就職しようと思ったきっかけは？

高校生のころから〝モノを売る〟といった社会経済に興味を持つようになり、大学は商学部に進学しました。

大学生になり飲食店などでアルバイトをはじめると、〝売れるための仕組みをつくる〟〝お客さまが望む商品をいかに届けるか〟をより深く学びたいと思うようになり、マーケティング学を専攻。そして、就職活動では、身に付けた知識を生かすことができればと、ジャンルにとらわれることなく、いろいろなメーカーの説明会に参加しました。

そんな私がサントリー食品インターナショナルへの就職を考えるようになったのは、会社説明会で聞いた「飲料業界においてナンバーワン企業になる」という目標を、ある社員が自身の目標として話していたからです。社員が一丸となって同じ目標に向かって取り組んでいる――。この姿勢と社風に魅力を感じ、自分もその一員になりたいと思いました。

―営業推進本部ではどんな仕事を行うのですか？

まず、「営業推進」とは、商品の売り方を考えたり、営業担当者が売上を上げるための支援を行ったりすることです。そのなかには、「販売促進

（販促）」という業務があり、キャンペーンを組んだり、店頭ツールの開発などを行ったりします。

　私が所属している営業推進本部ブランドグループは、スーパーやドラッグストア、ホームセンターなど向けにブランドごとの営業活動方針を決めたり、販促のための企画を立案したりする部署です。ブランドごとに担当者が決まっていて、私は、1992年の発売以来、〝働く人の相棒コーヒー〟として多くのお客さまから親しまれている『BOSS』の缶コーヒーを担当しています。

　陳列棚をよく見てもらうとわかるかと思いますが、スーパーの場合、通常、2週間ごとにいずれかの清涼飲料水で販促キャンペーンが実施されます。『BOSS』の缶コーヒーは、よく売れる秋冬を中心に年4回、行われます。その時期に合わせて新商品が発売されるので、半年ほど前から販促キャンペーンを企画し、その実施に向けて準備をする――。これが営業推進本部での私の仕事になります。

　とはいっても、どんなに販促効果が高そうなキャンペーンの企画を考えたとしても、商品を置いてくださる販売店が「お客さまが買いたくなるような魅力的な内容」と判断し、採用してもらえなければ何の意味もありません。そこで、私たち【ブランド担当者】は、販売店にその企画を説明する社内の営業担当者向けにさまざまな資料をつくったり、説明会を実施したりします。そのほか、売場のポスターや商品陳列ツールなどについても、関係部署と協力しながら制作するのも私たちの重要な仕事のひとつです。

―具体的にはどのようなキャンペーンを企画されたのですか？

　今年を例に挙げると、『BOSS』の缶コーヒーの愛飲者は、やはり〝働く男性〟が多いので、9月には『BOSS』のキャンペーンのなかで最も人気のある「ボスジャン」と実写映画化もされた人気アニメとのコラボキャンペーンを行いました。

　そして、現在、実施中なのが日経TRENDYとタイアップした「働く人へ恩返し 日経トレンディーおすすめ商品―」が当たるキャンペーンです。詳細については公式ホームページなどでご確認のうえ、ぜひ、応募してください！

―営業活動方針や販促企画を考えるうえで難しいことは？

　缶コーヒー市場は歴史が長く、飲料市場のなかでも最も厳しいカテゴリーのひとつで、多くの飲料メーカーがしのぎを削る熾烈な販売競争を繰り広げています。

　そんな市場において、『BOSS』は、過去に担当した先輩たちが試行錯誤を重ねながら成長させてきたサントリー食品インターナショナルの中心ブランドです。だからこそ、今もなお、『BOSS』をより多くの方に飲んでいただけるように、営業活動方針や販促企画を考え続ける――。これが一番難しいことではありますが、『BOSS』の【ブランド担当者】である私に課せられた使命だと思っています。

　それでも、その難しさや『BOSS』の【ブランド担当者】としての重責を背負っているという自負があるからこそ、自分が考えた販促企画が販売店に採用され、実際に売場で企画が立ち上がったときは本当にうれしく思います。そして、キャンペーン中にお客さまが『BOSS』の缶コーヒーを購入されているのを見たときは、やりがいとともに大きな達成感も得ることができます。

―営業活動方針を立てたり販促キャンペーンを企画したりするために必要な知識はどのようにして身に付けたのですか？

【ブランド担当者】になってすぐのころはわからないことばかりで、上

SCHEDULE

ある一日のスケジュール

時刻	内容
9:00	出勤
	メール確認・スケジュールチェック
10:00	社内打ち合わせ
12:00	昼食
13:00	販促企画について代理店と打ち合わせ
16:00	営業活動方針や販促企画についての資料作成
18:00	退勤

司や先輩からアドバイスを受けることで、日々の業務をなんとかこなしていたように思います。

ただ、幸いにも私は、営業を経験したのち、２０１４年からは営業サポートを行う部署に配属されたことで、さまざまな経験を積むことができました。そのおかげで、営業担当者が販売店へ販促企画を提案する際に必要となる知識はもちろんのこと、販売店が抱える悩みを知り、さらにはその課題を解決するための提案手法を自然と身に付けることができました。今ではその経験と知識をふんだんに活用しながら担当業務に励む

ことができています。

—仕事をするうえで心掛けていることとは？

私の仕事の目的は、営業担当者が「この販促企画ならば売上向上に貢献できる」と自信を持って売り込みができる企画を立て、その販促企画が採用された店舗でより多くのお客さまに商品を購入していただくことにあります。だからこそ、販売店ごとにお客さまの層や抱える悩みなどを把握している営業担当者の声に耳を傾け、積極的にコミュニケーションを図るように心掛けています。

また、キャンペーンが実施されていることにお客さまが気付かれるきっかけは、店頭や自動販売機に貼られているポスターなどを見てというのが大半です。まずは、ポスター類が少しでも目を引くように、そして、キャンペーンの魅力が十分に伝わるよう、細部に至るまでこだわってつくるようにしています。

—おすすめの商品は？

ひとつは、私が担当する『ボス レインボーマウンテンブレンド』です。この商品は、高級豆（レインボーマウンテン豆）を絶妙にブレンドしたスタンダードタイプの缶コーヒーで、２００４年の発売以来、『ＢＯＳＳ』ブランドの主力商品として、多くのお客さまからご好評をいただいています。１８５ｇ缶なので、休憩時間などに気分転換を兼ねて飲んでいただければと思います。

そして、もうひとつは、今年９月にリモート画面越しの掛け合いＣＭで話題になった『クラフト ボス』です。ペットボトル型だからこそ、デスクワークをしながら飲むのに最適で、私もよく飲んでいる商品のひとつです。

—この仕事に就くための資質とは？

この仕事は、お客さまが何を目的に、何にひかれて商品を購入されるのかを、日々、追究しなければなりません。そのことから考えると、“他人”の行動に興味が持てる人が向いていると思います。

また、自分が考えた販促企画を推し進める際、どんなに素晴らしいアイデアだと思っていても、実行するにはいろいろな壁にぶつかることがあります。決めたことをやり抜く熱意も不可欠ですね。

—将来の夢を教えてください

私の入社動機にもなった「飲料業界においてナンバーワン企業になる」、これを実現することです。

—子どもたちに将来に向けてのアドバイスをお願いします

今、一生懸命に打ち込んでいる勉強や習い事、そして、中学生や高校生になってからの部活や学校行事などには全力で取り組んでください。学生時代に一生懸命になって打ち込んだ経験は、いつの日か必ず大きな財産になります！

—仕事とは？

人と組織の成長
中城崇史

世界を舞台に活躍する生徒たち

普連土（ふれんど）学園（がくえん）中学校

School Information（女子校）

所在地：東京都港区三田4-14-16
アクセス：JR山手線・京浜東北線「田町駅」徒歩8分、都営三田線・浅草線「三田駅」徒歩7分、地下鉄南北線「白金高輪駅」徒歩10分
TEL：03-3451-4616　URL：https://www.friends.ac.jp/

ロボットプログラミング国際大会に出場！

普連土学園中学校（以下、普連土）は、キリスト教フレンド派婦人伝道会により設立された中高一貫の女子校です。1人ひとりを大切に、すべての人を敬い、世の役に立つ女性を育てることを目標とする同校では、生徒が自ら考え、主体的に行動する、様々な活動が行われています。

そのなかの1つ、「Friends Fab」は、プログラミングやロボット製作を中心に活動している団体です。近年、LEGO社が主催する世界最大規模の国際的ロボット競技会『FIRST LEGO LEAGUE（FLL）』に毎年出場しており、2017年と2019年には国際大会に出場しています。今年もブラジル大会への出場が決まっていましたが、新型コロナウイルス感染拡大予防のため大会自体が中止となりました。

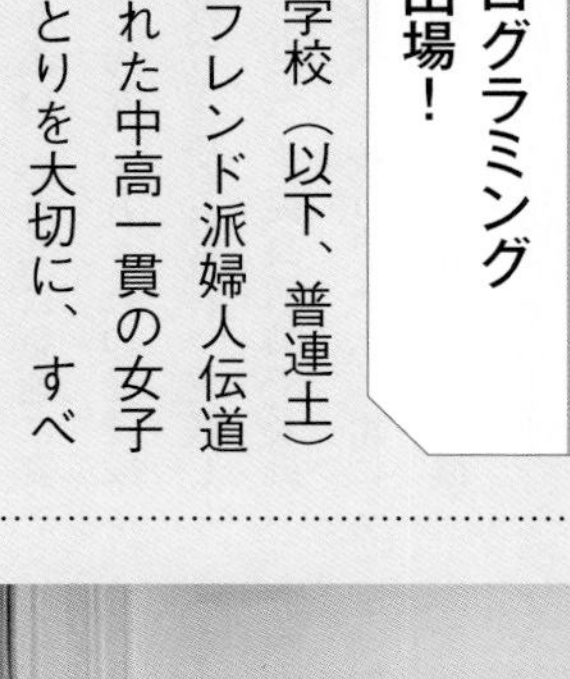

FLL 東日本大会にて（Friends Fab）

文系・理系を問わず活動する生徒たち

大会のイメージから、理系の生徒のみで活動しているのではと思うかもしれませんが、文系・理系に関わらず取り組めるのがロボットプログラミングの魅力です。実際、中2から高2まで70名ほどいるメンバーのうち、高校生の半数は文系選択者で、ロボット製作やプログラミングに興味・関心のある生徒がともに和気あいあいと活動しています。

FLLは理系の専門知識の有無を問うのではなく、むしろ与えられた課題を解決するためにチームとしてどのように対策を考え、協力し、行動するかという点に重きをおいている大会です。メンバーのなかにはほかのクラブと兼部している生徒も多いため、各々のペースで放課後、物理室に集まり、各自が具体的な目標を定めて活動しています。

FLL 大会ではプレゼンテーションも重要

生徒たちの主体性を育み、可能性を最大限広げる

活動をするなかでより詳しく知りたい事柄や、自分たちでは解決できない問題が現れたときは、プログラミングの講師を学校に招いてアドバイスを求めたり、企業を訪問することもあります。その際も主体はあくまで生徒たちで、教員が具体的な指示を出したり、直接手伝うことはしません。このような学校側の姿勢の背景には、自ら調査・研究する探究型プログラムの推奨という近年の流れがあることももちろんですが、より根本的には、1人ひとりの可能性を大切にし、育んでいくという創立以来の教育理念が大きく影響しています。

主体的に考え、行動することがますます必要とされる現代において、普連土学園の学びは、着実にその力を身につけさせているのです。

2020年度 入試イベント日程

◆学校説明会（Web予約制）
10月30日（金）19：00
11月13日（金）10：00
11月17日（火）10：00

◆入試解説会（Web動画配信）
12月 5日（土）

※各説明会・イベントは変更になる場合がありますのでHPをご確認ください。

夢中

桐光学園 中学校・高等学校

（とうこう）

神奈川県／川崎市／男女別学

学校長
中野 浩 先生

「男女別学」で のびのびと、いきいきと

桐光学園では、新たな教育ビジョンとして「他者との関わりの中で自己を高めていこう」「失敗を恐れず失敗から学んでいこう」「一生続けられる好きなことを見つけよう」を掲げ、それらの実現に向けてさまざまなプログラムを展開しています。「大学訪問授業」「TOKO SDGs」などがその代表といえるでしょう。それらは「何をどのように教えるのか」という教員主体の学びに加え、「何をどのように学ぶのか」という生徒主体の学びを推進していくものです。

また、本校の大きな特色として、「男女別学」があります。ホームルームや授業は男女別で、言うなれば、同じ敷地の中に男子校と女子校があるようなイメージです。思春期の多感な生徒一人ひとりに寄り添い、心身共に急速に変化する十代の男女、それぞれの発達段階に即した教育方法を各教科で実践しています。一方で、生徒会活動や委員会活動、文化部、学校行事など、一緒に活動できる場面では、男女が互いに協力し、目標に向かって活動しています。

桐光独自のSDGsで 社会問題を自分ごととして

2015年に国連サミットで採択されたSDGs※は、多くの学校で調べ学習の題材となっています。本校では、中高生が国連の掲げる17の目標を考えるには、そのための準備が必要だと考え、独自の「TOKO SDGs」を策定。中学生・高校生にとって身近で切実な問題と考えられる17の目標を設定しました。

議論に議論を重ねて生み出された17のテーマは、「生と死」「自由」「芸術」など、発想力を広げるためにあえて抽象的・哲学的なものにしました。生徒たちは自ら調べ、考え、意見を述べ、相手の意見を聞き、自分の意見を振り返る……という、多様な問題に向き合う経験を繰り返すことで、考えを深めていっています。

世の中には、正解は一つではないことがたくさんあります。生徒たちに学んでほしいのは、常識だけにとらわれない正しい「強さ」、そして違う考え方や立場を知り、理解しながら認める「しなやかさ」です。さまざまなことに挑戦して、考える機会を多く持ち、いろいろな考えの人と交流することで、自分を高めていってほしいと願っています。桐光学園での学びや経験の中から、一生続けられる好きなことが見つかるよう、応援しています。

国際教育

英語脳を育み、多彩な国際理解を促す

桐光学園では、「世界に眼（まなこ）を開く」という創立者の志のもと、カナダへの修学旅行、ニュージーランド・オーストラリアターム留学や英イートン校サマースクールプログラムへの参加、各種英語研修を通じて、国際教育に取り組んでいます。また、海外からの帰国生を積極的に受け入れ、在校生との交流を通じて、「多様性」を実感する機会の増加を図っています。

学校行事

自分の世界を広げる大学訪問授業

多様な学問分野における第一人者を招き、大学と同じ授業を体験できる「大学訪問授業」を、年間20回程度実施しています。熱く真剣な講義から生徒たちは刺激を受け、「もっと勉強がしたくなった」「大学で学びたいことが見つかった」だけではなく、将来の職業、大学の学部・学科選択を真剣に考え始めるなど、進路選びに大きな役割を果たしています。その内容は2007年度から書籍化もされています。

進路指導

希望や目的に応じて自由に選択できる講習制度

桐光学園では、年間約600講座の豊富な講習を開講しています。自らの意思で選び、受講する講習制度は、桐光学園の自主性を重んじる教育を象徴するものです。大学入試対策講座などを普段の授業と組み合わせることで、希望の進路へ向けた自分だけのオリジナルカリキュラムを確立できます。また、生徒の知的好奇心や探究心を刺激し、学習する楽しさを実感してもらうことを目的として、「ぶらり江の島旅（地理のフィールドワーク）」や「実験！化学合成研究室」など、毎年多彩な「ユニーク講習」も開講しています。

※SDGs（Sustainable Development Goals）…持続可能で多様性と包摂性のある社会の実現のため、2015年の国連サミットで採択された2030年までの国際目標。17のゴールと169のターゲットから構成され、それらの達成のため、政府や企業・自治体がさまざまな取り組みを行っている。

卒業生の

先生が語る！桐光学園の魅力

登場いただいたのは、桐光学園中学校・高等学校を卒業し、今は母校の教壇に立たれている先生方。
中高時代の思い出や、桐光学園ならではの魅力を語っていただきました！

QUESTION

Q1：学校生活の中で最も力を入れて取り組んでいたこと・熱中していたことを教えてください。
Q2：6年間での一番の思い出について教えてください。
Q3：教員を志したきっかけは何ですか。
Q4：先生として、一番うれしい・楽しい瞬間はどんなときですか？
Q5：桐光学園中学校・高等学校を志望するお子様・保護者様へ、メッセージをお願いいたします。

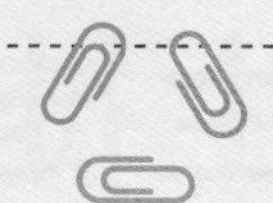

田坂先生

PROFILE
田坂 野々美（たさか ののみ） 先生
数学科／高校1年生副担任
女子バスケットボール部顧問
2000年桐光学園高等学校を卒業
所属していた部活●女子バスケットボール部
好きだった科目●体育
苦手だった科目●国語
最も思い出に残っている学校行事●
高校3年生の体育大会
卒業大学●立教大学 理学部数学科
当時の将来の夢●高校2年生時：理学療法士
高校3年生途中から：教員

A1 部活に熱中していました。中学からバスケットボールを始めた私が、中学2年生時に市の選抜選手に選ばれたことがきっかけで、さらに楽しくなりました。部員は多くはなかったですが、仲間と絆を深めながら日々活動していました。その結果、高校では県大会ベスト16という成績を収めることができました。

A2 高校3年生のときの体育大会です。高校生活最後の行事ということもあり、クラスで全員分の手形をシーツに押した応援旗を作成し、担任・副担任の先生方とも一緒に楽しみました。行事に向けてみんなで準備し、クラスで一致団結できたことがとても楽しかったので印象深いです。

A3 教員は、部活を引退し、進路のことを本格的に考え始めた高校3年生の時期に志しました。桐光学園でたくさんの先生方と接し、多くのことを学びました。もともと子どもが好きだったこともあり、子どもに関わる仕事をしたいと思うようになっていったからです。

A4 生徒たちの、「できるようになった！」「わかった！」というキラキラした顔を見られたときが一番うれしいです。

A5 桐光学園は、40周年記念事業で全面人工芝のサッカー場・メイングラウンド・屋内アップコートなどが完成し、クラブ活動が一層活発になりました。また、生徒全員がノートパソコンを所持・各教室Wi-Fi環境・大型モニター整備といったICTの導入により、学習環境もさらに充実していきます。約3,000名の生徒が在籍していますが、単なるマンモス校ではなく、それぞれの特性に応じた男女別学のもと、80%以上が専任である教員集団によってきめ細かで面倒見のよい教育が実践されています。生徒たちの個性に応じた指導を行い、難関国公立・私立大学進学を可能にする学習環境が整っています。ぜひ本校で、自分の将来に向けて一緒に頑張りませんか。

村上先生

PROFILE
村上 匡輔（むらかみ ただすけ） 先生
英語科／中学3年生担任
弦楽部・吹奏楽部顧問
1995年桐光学園高等学校を卒業
所属していた部活●吹奏楽部
好きだった科目●英語・生物・数学
苦手だった科目●古典
最も思い出に残っている学校行事●
修学旅行（韓国）
卒業大学●東京学芸大学 教育学部
当時の将来の夢●医師・教員

A1 吹奏楽が生活の中心でした。当時顧問だった先生から音楽の美しさを教えていただきました。演奏会に向けて曲を分析し、技術を磨き、同級生と企画を考え、後輩を指導していました。理想の音楽を部員全員で追求することが本当に楽しかったです。振り返ると、部活で向上心が磨かれたおかげで、勉強に対しても自然と楽しさを感じるようになっていました。

A2 吹奏楽部の定期演奏会です。演奏会の企画・演出の監督と曲中のソロもいくつか任されていたので本番前はかなりプレッシャーを感じていました。しかし無事に終わったときの感動はとても大きく、今でも思い出しては泣きそうになります。人生の糧になるとても大切な思い出です。

A3 吹奏楽部で、後輩に教えたことが原点です。教えるために教則本や雑誌を読みあさり、自分の練習を客観視するようになりました。後輩を教えるようになってから楽器が上手くなり、教えることで学ぶことがあると実感しました。また何より純粋に、教えていて楽しかったことを覚えています。

A4 生徒たちが「わかった」「できた」と感じる瞬間に立ち会うことです。「あっなるほど……」「こういうこと？」という、何かがわかったときの静かな感動が伝わってきたとき、教師として喜びを感じます。

A5 受験勉強は試練です。自分を磨くためにさまざまなものを我慢して努力しなければいけません。必然的につらいものになります。しかし逆に言うと、今がつらいのであれば、それは成長している証拠です。後からついてくる成果や感動は、そのつらい努力に比例して大きくなります。今は先生方とご家族、そして何よりも自分を信じて頑張ってください。桐光学園は部活や学校行事が数多くあり、生徒や先生の数もとても多い学校です。必ずあなたに合った、楽しくて成長できる環境を見つけられるはずです。入学をお待ちしています。

SCHOOL DATA
桐光学園中学校・高等学校

〒215-8555 神奈川県川崎市麻生区栗木3-12-1
TEL 044-987-0519
小田急多摩線「栗平駅」より徒歩12分、京王相模原線「若葉台駅」・小田急多摩線「黒川駅」よりスクールバス運行クローズアップ!!

Close up!!

しょうわがくいんしゅうえい
昭和学院秀英中学校

千葉県 | 千葉市 | 共学校

生徒の可能性を引き出す きめ細かく質の高い教育を実施

千葉県でも有数の進学校でありながら、受験勉強にとどまらない幅広い学びを提供している昭和学院秀英中学校。恵まれた環境と手厚い指導で、生徒の持つ力を伸長させる学校です。

すずき まさお
鈴木 政男 校長先生

School Information
所在地：千葉県千葉市美浜区若葉1-2
アクセス：JR京葉線「海浜幕張駅」徒歩10分、JR総武線「幕張駅」・京成千葉線「京成幕張駅」徒歩15分
生徒数：男子247名、女子285名　TEL：043-272-2481　URL：https://www.showa-shuei.ed.jp/

学年ごとの丁寧な進路指導と教科ごとの体系的な学習指導

幼稚園から短期大学までを擁（よう）する総合教育機関・昭和学院のもとに、1983年に創立された昭和学院秀英高等学校。その2年後には、同じく昭和学院秀英中学校（以下、昭和学院秀英）が誕生しました。

校舎周辺には教育関係施設が多く立ち並んでおり、千葉市の文教地区という恵まれた環境のなかで、千葉県屈指の私立中学校として発展を続けています。

そんな昭和学院秀英の教育方針について鈴木政男校長先生は、「本校では『明朗謙虚』『勤勉向上』を校訓に掲げています。母体である昭和学院の校訓『明敏謙譲』を2つに分けたようなイメージです。

スポーツの名門と名高い昭和学院のなかにあって、『敏』の部分、つまり学習にも力を入れて、生徒の様々な可能性を引き出すことをめざしています」と話されます。

学習においては、特進コースなどを設置せず、高2から文系・理系に分かれます。学力別のコースやクラスを設けずに高い進学実績を誇る理由については、「1人ひとり丁寧に対応するきめ細かい指導が、大きく関係しているのではないかと思います。

例年、中学入学時に1クラス35〜36名を目安に5クラスを編成しますが、高2の文理選択後はさらに6クラスに展開するため、より少人数での指導が可能です。

進路指導では、進路ガイダンスや職業インタビューなどを中1から始めることで、将来に対する意識づけと目標の設定を行います。『行ける大学よりも行きたい大学へ行こう』を念頭に、受験先をどうやって決めていくかというところから、教員がしっかりと寄り添います」と鈴木校長先生。

進路指導は学年ごとに、模試の結果や成績の推移などを考慮しながら進められます。その一方、各教科の学習指導は、6学年全体で連携を取り、教科ごとのまとまりが大切にされているのが特徴です。

定期的に開かれる教科会議では、中1から高3までどのような流れで学習が進められ、どこでつまずきやすいのかを共有。6年間を通じて、体系的な指導ができる体制を整えています。

大学入試に向けて、生徒を支える

万全のサポート体制が用意されている昭和学院秀英。続いて、その具体的な教育内容についてもみていきましょう。

知識だけでなく様々な力が身につく独自の教育内容を展開

創立当初から行われている作文教育は、思考力や判断力を身につけるための取り組みです。毎年全校生徒に「作文」の課題が課せられています。国語の授業や総合学習などと関連させた「課題」を教員間で協議し、生徒の考察力を深めるテーマを毎年課していきます。

中1など低学年には生活作文、高校生など高学年には小論文と、形式は学年によって異なり、提出されたすべての作文に教員がコメントを入れて返却し、優秀作品は年1回発行される文集にまとめられています。

「テーマは生徒の生きる力の糧になるようなものが設定されており、2021年度から改訂される中学校の学習指導要領の方針にも沿った取り組みといえます」（鈴木校長先生）

また、各学年とも理科では実験授業を積極的に行っているのも魅力の1つ。そのための環境も整っており、中学校舎と高校校舎を結ぶ中央棟には、物理・化学・生物に加え総合実験室と4つの実験室が用意されています。薬品を誤って浴びてしまったときのためにシャワー室をそれぞれ完備しているなど、安全面の配慮も欠かしません。

こうした独自の教育に学年や文理を問わず学校全体で取り組む一方、生徒の興味関心に合わせた希望者対象のプログラムも充実しています。

「私が校長に就任してからは、『可能性は無限大』という言葉をおりに触れて伝えるようにしています。生

6階建ての中央棟には4つの実験室や少人数授業向けのゼミ教室を完備

施設、授業風景

充実した学習環境を活かした授業が展開されています。

蔵書5万冊超の図書館

外国人教師による英語の授業

階段教室にて卒業生を招いての進路座談会

技術室での授業

化学実験室での授業

徒には学校の外の世界、国内だけでなく海外にも広く目を向け、自分のやりたいことに挑戦していってほしいと思っているからです」という鈴木校長先生の考えから、2つの海外研修が3年前より新たに追加されたといいます。

まずは、高1対象の「ボストン・NASA研修」。これは、現地校のインターナショナルクラスで様々な国の学生たちとレベル別の語学研修に参加するほか、マサチューセッツ工科大学などの名門大学やNASAの施設を見学できるというものです。

もう1つはイギリスの大学で語学研修を行う「英国大学キャンパスプログラム」です。高1の夏休みを使って行われ、滞在中は大学の寮に入り、英語力を磨きます。

このほか、費用面を抑えられる国内での取り組みとして「エンパワーメントプログラム」も用意されています。こちらは海外からの留学生とともに英語のみを使って討論を行うもので、このように各プログラムの内容はじつに多彩です。

中高一貫教育校としての教育課程を2021年度の中1から開始

そんな昭和学院秀英の今後の展望について伺うと、「2021年度に入学する中1から順次、併設型中高一貫教育校としてのカリキュラムをスタートします。現在は、同じ敷地内にありながらも制度としては中学校と高校がそれぞれ独立しており、高校入学時は内部試験を受ける必要があるのです。

来年度新入生からは中高一貫教育校として、6年間を通した計画で学習を進めていきます。

具体的には高校で学習する数学Ⅰ、数学A、生物基礎を中3のうちに履

TOKYO GLOBAL GATEWAY（TGG）での研修（中1）

国際教育

国内・国外で多様な国際教育を行い、生徒の視野を広げます。

オンライン英会話の授業

中2ではブリティッシュヒルズで研修を行います

高1対象の「ボストン・NASA研修」

同じく高1で参加できる「英国大学キャンパス研修」

修するというもので、高校入試がないことによる中3・高1の中だるみを防ぐ狙いもあります。

3年後からは、中学入試を経て入学する中入生と高校入試を経て入学する高入生が異なる教育課程で学ぶ形となりますが、現在と同じく高3からはいっしょのクラスで学べるように進度の調整をしていく予定です」と鈴木校長先生。

カリキュラムも新たに、生徒個々の資質を伸ばす学校として進化を続ける昭和学院秀英。

新型コロナウイルス感染症の影響で休校を余儀なくされた際は、WEB会議ツールを使って授業だけでなく学年集会、生徒面談、保護者面談まで行っていた教員もいるといい、そうした面倒見のよさも大きな魅力です。

最後に、鈴木校長先生から読者のみなさんにメッセージをいただきました。

「本校は、『生徒の可能性を最大限引き出したい』という思いで色々な指導やプログラムを行っている学校です。

学校内外での様々な活動に自ら飛び込んでいける生徒にはその手助けを、なかなか積極的になれない生徒には背中を押してあげるようなことができればと思っています。

そういうサポートがしっかりとされている学校だと信頼していただいて、ぜひ昭和学院秀英をめざしてほしいです」

雄飛祭（文化祭）での書道同好会のパフォーマンス

学校行事

年間を通して様々な学校行事に参加できるのも魅力です。

中学校の合唱コンクール

中学校の体育祭

全学年で実施される芸術鑑賞教室

国立劇場での歌舞伎鑑賞教室（中3）

中1～高2が参加する百人一首大会

※新型コロナウイルス感染症の影響により、今年度は中止になった行事もあります
写真提供：昭和学院秀英中学校

入試情報

2021年度募集要項

	午後特別	第1回	第2回
試験日	1月20日(水)午後	1月22日(金)午前	2月2日(火)午前
募集人数	30名	110名	約20名
試験科目	国・算	国・算・社・理	国・算・社・理
合格発表	1月21日(木)12：00	1月23日(土)16：00	2月2日(火)19：00

のぞいてみよう となりの学校

世田谷学園中学校〈男子校〉

江戸時代に起源を持ち、仏教の教えを教育の基盤に据えながら、「智慧」「慈悲」「勇気」を備えた男子の育成をめざす世田谷学園中学校。今回は2021年度から新たに設置される「理数コース」について詳しく説明するとともに、独自の「教養講座」「探究講座」についてもご紹介します。

「温故創新」をモットーに新たにスタートする「理数コース」

2021年度から2コース制が始動

「明日をみつめて、今をひたすらに」「違いを認め合って、思いやりの心を」。これは、世田谷学園中学校（以下、世田谷学園）が、モットーとして掲げている言葉です。

世界で活躍できるグローバルリーダーを育てるために、このモットーを体現する人材を「智慧の人」（自立心にあふれ、知性を高めていく人）、「慈悲の人」（喜びを、多くの人と分かち合える人）、「勇気の人」（地球的視野に立って、積極的に行動する人）と名づけ、様々なプログラムを通してこうした力を持った男子を育てています。そんな世田谷学園は、中学では取り入れていなかったコース制を2021年度から導入、「本科コース」「理数コース」の2コース制に生まれ変わります。

「全国の大学生のうち、理系学部の学生が占める割合は26％ほどといわれていますが、本校は理系志望が約60％と、例年高い数値を示しています。なかには中学入学段階から理系学部進学を決めている生徒もいるので、そうであれば早い段階から理系プログラムを充実させたコースを作る意義があると思い、理数コースを設置することにしました。

一方、本科コースは、まだ将来のことを決めていないお子さんのため

School Data

所在地　東京都世田谷区三宿1-16-31
アクセス　東急田園都市線・世田谷線「三軒茶屋駅」徒歩10分
生徒数　男子のみ676名
TEL　03-3411-8661
URL　https://www.setagayagakuen.ac.jp/

のコースです。2年生までは全員が教養学部で学び、3年生から各学部に分かれる東京大学のようなイメージで、じっくり幅広く学んで、高2になるときに文理選択します。

2コースを設置したことで、いままで以上に生徒の可能性を広げられる環境が整ったと感じます」（山本慈訓校長先生）

この2コースとも世田谷学園でいう前期（中1・中2）の間は月～金曜日のカリキュラムは共通で、土曜日にそれぞれ特色を活かした授業を展開していきます。例えば本科コースは、普段できないような2～3時間連続の授業を組み入れて、国語では映画鑑賞後、物語の類型についてディスカッションしたり、英語では4クラスを6～7クラス展開して習熟度別授業を実施したりと、「生徒の学びを深めたり定着させたり、フレキシブルに対応したプログラム」を実践していきます。

「実体験」を重視した理数コースでの学び

では理数コースの特徴はというと、「本校の理科の授業は、本物を見て色々なことを感じ取ってほしいと、前々から『実体験』を重視してきました。そうしたコンセプトを継承しつつ、本科コースでは時間の都合上省いていた実験などを積極的に行っていきたいと考えています」と語る理科教諭の秋元幸太先生。

この「実体験」を重視した学びは校外でも行われます。中1・中2は、「稲作体験」として、農家の方の指導のもと田植えや稲刈り、育てた米での調理実習を体験。「環境学習」として、埼玉の産業廃棄物処理会社を訪れ、落ち葉の堆肥を使った土壌作り、廃棄物の処理方法や過程の見学などを実施します。

さらに中2の「サマープログラム」（3泊4日）では、東京・大島を訪れて、火山や火山性の植物、海洋生物の研究をします。「理科をただの暗記科目ととらえるのではなく、植物も動物も、生きていくために色々な工夫をしていることなど、理科をおもしろく感じるような視点も生徒に伝えていきたいです」と秋元先生。

宿泊行事といえば、鹿児島を訪れる中3での修学旅行も、理数コースらしさを盛り込んでいます。4泊5日で、「平和」について学ぶために知覧特攻平和記念館を、「宇宙」をテーマに種子島宇宙センターを、「生命」をテーマに屋久島・白谷雲水峡を訪れるという濃密な内容です。

そのほか「サイエンスプロジェク

1：スライドを利用しながら行われる本科コースの授業。
2：iPadを活用して、植物などの生態を調べます。
3：従来から理科教育に定評のあった世田谷学園。文化祭の化学部のコーナーも毎年盛況です。
4：理数コースでは数多くの実験を予定しています。

ト」（自由研究、自主研究）や数学検定講座など、盛りだくさんな理数コースのプログラム。高校での内容は今後さらに検討を重ねていきますが、研究室訪問なども行っていきたいと考えているそうです。

「今回、理数コースを設置するにあたり、『温故知新』をもとにした本校独自のキャッチフレーズとして『温故創新』を掲げました。故きを温ねて新しきを知る、にとどまらず、新しきを創ることのできる人材、つまり、地球社会に貢献できる豊かな心を持った『科学人・医学人』を育てたい、という思いがありました。

算数や理科が好き、好奇心を持って学びに向かえる、そして新しい発見に感動できるお子さんであれば、きっとこのコースで力を伸ばせると思います。そんなみなさんをお待ちしています」（山本校長先生）

独自講座を通して未来を見据える

学力向上に向けた講習以外に、学習への興味関心を広げるための「教養講座」（中1・中2）「探究講座」（中3～高2）も用意しています。しかもこれらは、進路指導部の先生方が中心となっているのが特徴です。

「偏差値や知名度、就職に有利かどうかなどで大学・学部を選ぶ方法もあるでしょう。しかし本校では、そうした基準ではなく、色々な経験をしたうえで目標や夢を見つけて、それがかなえられる大学に進学してほしいと思っています。そのために多様な講座を設けて興味のあることに挑戦していく環境を整えているので、一種のキャリア教育だと位置づけているのです」（進路指導部長・原田秀夫先生）

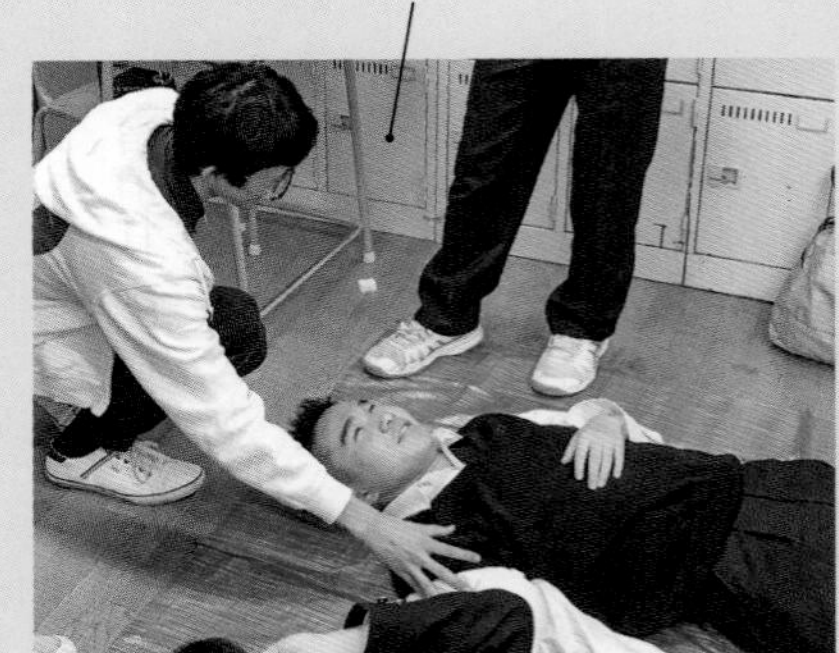

これまで行ってきた医療系の知識を学べるプログラムも引き続き実施していきます。

探究講座の1つ、スマートフォン向けアプリの開発に取り組む「IT×グローバルゼミ」。

人気の「コマ博士から学ぶ物理学」。

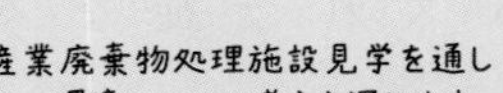

産業廃棄物処理施設見学を通して、環境について考えを深めます。

例としていくつかの講座を紹介すると、中1対象の「難関理系大学生と学ぶ数学的思考法」は、難関大学の学生指導のもと、トランプとサイコロのみを使い、自分でゲーム・ルールを作るというものです。

「コマ博士から学ぶ物理学」（中1）は東京工業大学のコマ博士として有名な先生を招いて行う人気講座で、大きさ、回転数、重心などに着目して一番回りやすいコマを考えながら、角運動量保存、ジャイロ効果などの科学的知識を身につけ仮説を立て、検証を繰り返す姿勢を身につける内容になっています。

高1・高2対象の「クエストエデュケーション※」を導入した講座も毎年人気を集めます。昨年はコンタクトレンズメーカーのメニコンを担当したチームが「みるよろこびをす

※「教育と探求社」が主催する探究学習プログラムで、企業から出された課題解決などに挑む。

べての人に」という課題に対し、視覚障がい者の方でも楽しめるテーマパークを提案、優秀賞を受賞しました。企画完成にあたり、生徒自身で近くの特別支援学校を訪れて、学校の様子を見学、参考にして、先方の先生方の前でも発表したそうです。

なかには生徒発案で始まった「医療者をめざす君たちへ」という講座も。医療系大学に通う学生による団体「IFMSA-JAPAN」と連携してディスカッションやワークショップをするとともに、進路相談もできるこの講座は、開催に向けて大学生との連絡なども生徒が行いました。

「本来『学び』は能動的にするものですし、自分のしたいことを自分で選ばなければ人生は楽しめません。ただ、そうは言っても普段の授業は受け身になりがちですから、こうした自由選択型の講座を設けることで、主体性を養いたいという思いもあります。ですから、生徒から提案があるのは自発的になっている証拠で嬉しいですし、大歓迎です」と話す進路指導部・大石潤一先生。

また、主体的な学びといえば、世田谷学園には歴史部、生物部など学問系の部活動が数多くあり、それぞれ多様な研究をしています。そうした部活動や、教養講座・探究講座での学びの成果を発表する場として設けられているのが、「SETA学会」です。外部で賞をもらっている生徒が多くいても、お互いを知る機会がないのが非常にもったいないと考えた先生方は、年に1回、研究成果を発表できる「学会」のような場を設けたのだといいます。

「普段おとなしい生徒が堂々と人前で話している姿をみると、こんな顔も持っていたんだと、生徒の新しい魅力を知ることができます。これからの社会で重要視される、人前で自分の考えを話す力を育む場でもあると感じています」（原田先生）

ほかにも独自のシステムとして、部活動や同好会に比べて設立のハードルが低い「自主研究会」というものがあり、これまでいくつもの研究会が幅広い活動をしてきました。

「昨年は研究会の1つが自分たちで多様な職種の社会人の方を招いて講演会を開き、セッティングからワークショップの内容、当日の進行などもすべて企画・運営しました。今後も主体性を持った生徒を育てたいです」と大石先生が語るように、生徒の自主性を伸ばす環境があり、魅力的な新たなコースも始動する世田谷学園。これからも次代を担う人材を育成していきます。

「SETA学会」ではそれぞれの研究成果を発表します。

医療系大学に通う大学生と交流する「医療者をめざす君たちへ」。

ホームステイしながら現地校に通う「カナダ海外研修」。この研修も、世界を体感しながら自主性を伸ばせる取り組みです。

写真提供：世田谷学園中学校　※写真は昨年度のものとなります。今年度は中止・変更したプログラムもあります。

公立中高一貫校リポート

さいたま市立浦和中学校

6年一貫教育の強みを存分に発揮する様々な教育活動

さいたま市立浦和中学校では、8期生が卒業した今春も、すばらしい大学合格実績を残しました。高校進学後を意識し、併設校の強みを存分に活かした、高校との様々な連携教育が特色です。

8期生が2020年春に卒業

「高い知性と豊かな感性・表現力を備えた国際社会に貢献できる生徒の育成」を教育目標に掲げるさいたま市立浦和中学校（以下、市立浦和）。開校から14年を迎え、卒業した1～8期生は見事な大学合格実績を残しました。

この結果について、そしてさいたま市の掲げる日本一の教育都市実現に向けた市立浦和への期待について吉野浩一校長先生に伺うと、「立派な結果だと思います。これは内進生だけではなく、高入生も一丸となって頑張った結果ですが、内進生の目

標に向かって粘り強く努力する姿勢に高入生も刺激を受ける好循環がありました。

また、私がめざす市立浦和のイメージは、『楽しいスーパー進学校』です。学校行事や部活動など、仲間とともに楽しい学校生活を送りながら、しっかりと勉強し、高い志を持って志望大学に合格する生徒が集う学校です。

現在も、そのような力を持った生徒がたくさんいますから、市民の期待を上回る成長が見られると考えています」と語られました。

ますます充実する「つなぎ学習」

市立浦和では、前期課程の中1・中2は「基礎」、中期課程の中3・高1は「充実」、後期課程の高2・高3は「発展」とそれぞれ位置づけ、3期に分けた中高一貫教育を行っています。

なかでも中期課程の「つなぎ学習」が特徴的です。これは、中高一貫の強みを活かして、中学校から高校への移行をスムースにするための学習です。

「中学では、少人数展開やティームティーチング（TT）の授業も多く、先生方が3年間生徒1人ひとりを丁寧に見て、学習進度が遅れているなど困っている姿を見つけると声をかけてくださいます。

高校に進学すると、自ら課題を見つけて、自主的に学習する姿勢が重要となり、積極的に学習することで、より高度な知識と表現力が身につきます。

こうした中高での違いに対しても、『つなぎ学習』を実施することで、無理なく対応できます」（吉野校長先生）

「つなぎ学習」では、中3の数学、英語など、原則毎週1時間以上、高校の先生が授業を受け持ちます。

理科では高校の生物と物理の先生が成績をつけるところまで行われています。また、社会科では歴史分野を中心に、実技教科でも家庭科、美術などは高校の先生が担当します。

とはいえ、いたずらに先取り授業を進めているわけではありません。高校の先生による授業は、さらに深く学ぶなど、補充的な部分を担っています。より専門的な授業内容となるので、生徒の知的好奇心も喚起されます。

「高校の先生による授業は中学校とはスタイルも変わるので、刺激になり、生徒の学習意欲にもつながっています。

また、夏休みには中高とも夏期講習があります。中学は夏休みの初めに復習的な内容を多く取り入れていますが、発展的な内容の講座も開講しています。さらに、希望者は高1の夏季講習にも参加できるようにしています。

本校では、中高一貫教育を行うメリットが学校全体で認識できています。先生方も『あれもできる』『これもやってみたらいいんじゃないか』とアイディアを出しあいながら取り組んでいます。学校全体がつねに進化している実感があります」（吉野校長先生）

少人数制授業と特徴的な学習プログラム

中学での少人数制授業も市立浦和の大きな特色です。

数学、英語で中1から1クラスを2つに分ける少人数制授業を行っています。クラスを分けられない教科でも、高校の先生といっしょにTTを実施することで、手厚い指導を展開できます。

さらに、中1～中3の英語授業では、高校のネイティブ教員に加え、高校のALTが受け持つ授業を週に1回実施しており、ときには中学校のALTも加わります。市立浦和で

しっかりとした目標を持ち、粘り強く頑張る生徒が、本校の学びにマッチし、様々な能力を伸ばしています

吉野浩一（よしの こういち） 校長先生

PHOTO ❶広々としたグラウンドと校舎 ❷メディアセンター ❸体育祭 ❹個人PCを使用した授業 ❺文化祭（中学合唱）

写真提供：さいたま市立浦和中学校

はこれらを通して英語力の向上を図っています。

自分の言葉で表現する活動が充実している点も特色の1つにあげられます。国語や社会では、討論やスピーチ、ディベート、パネルディスカッションなどの学習を計画的に取り入れています。また、こういった積み重ねの集大成は、中3で実施する海外フィールドワークでの日本文化の紹介などにつながります。

英語では、校内で英語のスピーチコンテストを行います。上位の生徒は市や県の大会に参加し、毎年、優秀な成績を残しています。

「このスピーチコンテストは、英語の知識や表現力を養うことにつながるのですが、なんといっても、本校では高校でその力をさらに伸ばす場が多く用意されているところが大きいと思います。

もともと高校は英語教育や国際交流に力を入れている学校ですから、中学で得た英語力や興味を高校でさらに育てていくことができます。交換留学も毎年実施しており、内進生で高校入学後に留学する生徒もいます。

大学進学の面で結果が出るのももちろんすばらしいことですが、こういった面でも頑張っている子がいる

のも、本校の中高一貫教育の成果だと思います」（吉野校長先生）

学校生活全体で中高一貫教育を実践

市立浦和では、学校行事や部活動も中高いっしょに行われています。

「例えば、体育祭は中高6学年を縦割りにします。別々に行っていた時期もありましたが、現在は高校が8クラスと、中学の各学年2クラス80名ずつを、8つに分ける形で実施しています。

お互いを応援し、席を隣にすることは、中学生、高校生ともに貴重な経験になっているようです。

部活動も中高合同で行う部も多いですし、現在は運動系の部活動を中心に、中3が公式戦がなくなったあとに、早めに高校の活動に参加できるようになっています。

このように勉強の面だけではなく、学校生活全体で中高生がいっしょに活動する場面を増やしています」（吉野校長先生）

施設も立派で充実しています。校舎は中学校開校時に新築しました。窓が大きく、明るめの色調できれいです。

図書室が高校にあり、さらに中学用にメディアセンターというものもあり、両方とも使えます。高校側にある理科系の実験室も利用できますし、学習環境は整っています。

また、ICT環境も万全で、生徒1人につき1台のノート型パソコンを活用し、週3日、1時限目に60分の時間を設けて国語・数学・英語の各教科を20分ずつ学習する"Morning Skill Up Unit"（MSU）を実施するなど、ICTを活用した独自教育も用意しています。

生徒それぞれのパソコンは無線LANで結ばれているので、いつでもどこでも情報を共有しながら使うことができます。

最後に、市立浦和を志望する受検生と保護者の方々へ向けたメッセージを伺いました。

「しっかりとした目標を持ち、粘り強く頑張る生徒が、本校の学びにマッチし、様々な能力を伸ばしています。ですから、高い志を持って、努力し続けられる生徒さんに入学してもらいたいですね。

そして、高校に進学したあとは、高入生と励まし支えあいながら切磋琢磨し、たくましく頑張っている先輩たちに続いてくれるような生徒さんを待っています」（吉野校長先生）

入試情報

2021年度入学生募集

募集区分

一般枠

募集定員

男子40名 女子40名

入学願書受付

1月5日（火）午前：女子　午後：男子
1月6日（水）午前のみ：男女問わず

検査実施日

第1次　1月16日（土）
第2次　1月23日（土）

検査内容

第1次　適性検査Ⅰ・Ⅱ
第2次　適性検査Ⅲ　面接

適性検査の傾向（2020年度）

適性検査はⅠ、Ⅱ、Ⅲとも課題の問題点を整理し、論理的に筋道を立てて考え解決する過程を試し、さらに多様な方法で表現する力をみます。とくに第2次の適性検査Ⅲでは作文の字数が多く、250字以内の作文1題と300字以内の文章にまとめる作文が2題出ました。

School Information

さいたま市立浦和中学校

所在地：埼玉県さいたま市浦和区元町1-28-17
アクセス：JR京浜東北線「北浦和駅」徒歩12分
生徒数：男子120名、女子120名
TEL：048-886-8008
URL：http://www.m-urawa.ed.jp/

共立女子中学校
KYORITSU GIRLS' Junior High School

東京　千代田区　女子校

『Webオープンキャンパス』開催！

共立女子中学校では、8月9日に「Webによるオープンキャンパス」を行いました。Web会議システム（Google Meet）を使った各教科のライブ型の授業や体験部活動、動画を用いた生徒による海外研修の紹介や、国際交流の取り組みの様子など、様々な企画が立ち上がりました。事前に申し込んだ方限定で当日に専用サイトを公開。260名を超える児童やその保護者の参加がありました。今回は、このWebオープンキャンパスについて、講座の狙いや内容を担当した先生や生徒から紹介していただきました。

【理科】『にぼしだって、いきものだもの』

坂本　彩子教諭・髙梨　裕樹教諭

理科（生物）では、にぼしを使った解剖実験を、生物室とご家庭をオンラインでつないだライブ型で行いました。これまでは科学研究部生物班の生徒にアシスタントとして手伝ってもらい、対面で実験を行っていましたが、今回は新型コロナウイルス感染症拡大予防のため、2名の教員で行いました。

前日までに各ご家庭で、だし用のにぼしを用意してもらいました。当日は実験室で手元を上からとれる俯瞰カメラを用意し、受講生はその画像を見ながらいっしょに手を動かすというスタイルで解剖を行いました。

オンラインでしたが、受講生の様子を2つのモニターを使い、表情などの反応を見ながら進めました。作業途中の様子を、各受講者のカメラに写してもらうことで遠隔でもしっかりとコミュニケーションを取りながら進めることができました。

最後には、できたワークシートを見ながら、にぼしが食べたプランクトンがどのように体へ取り込まれ栄養となるのか、水の中の酸素をどのように取り込み体全体へ行き渡らせていくのかということを考えながら、魚の体についての授業を行い、理解を深めてもらいました。

参加したご家庭からは、「にぼしの解剖体験をとても楽しそうに集中力を保ちながら参加させていただきました。両親も側で拝見しましたが、普段は深く考えることがなかった身近な食材について考え・知ることができ、とても有意義な時間でした」などの感想が寄せられました。

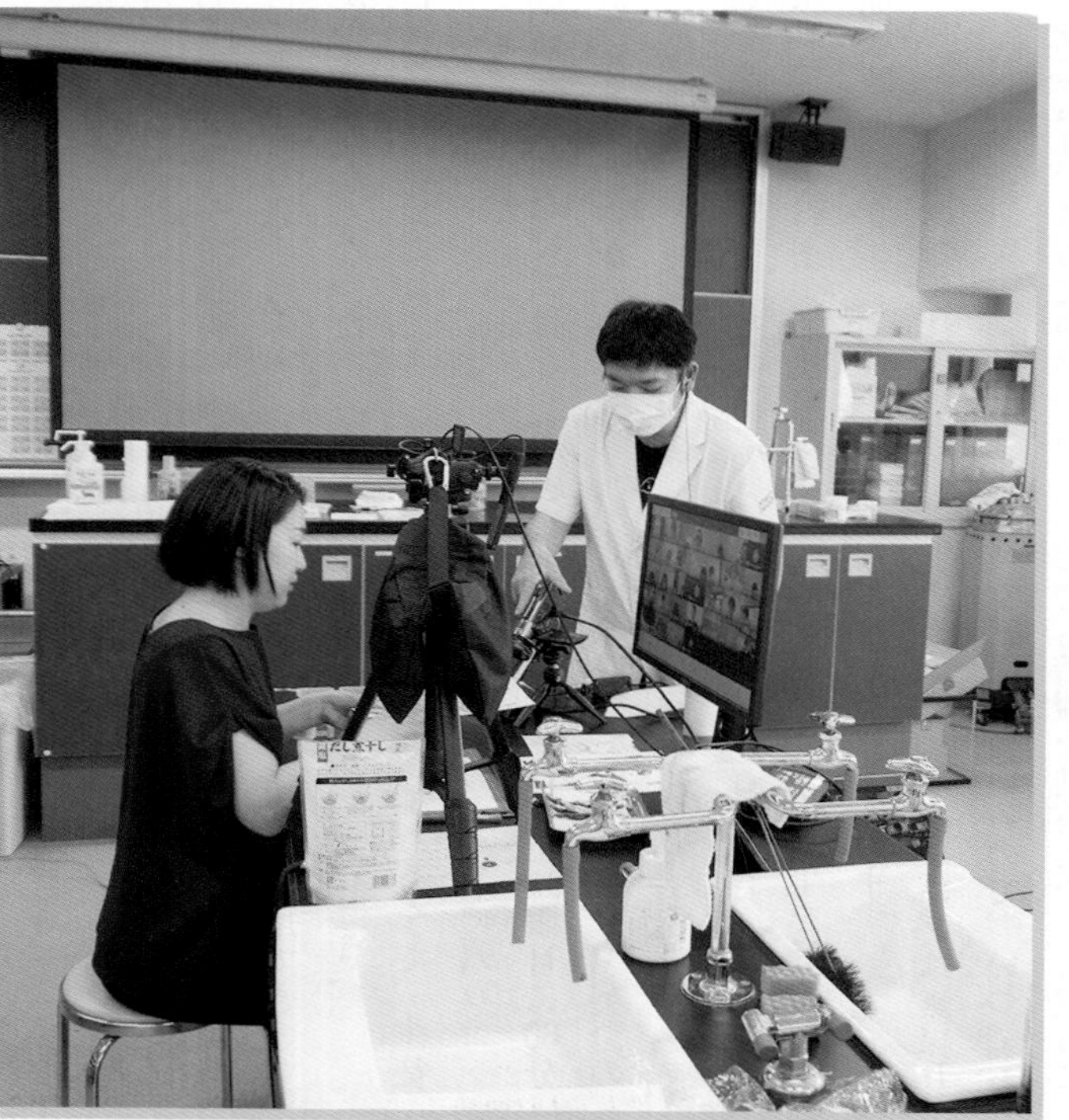

頭上にカメラを設置し、モニターで児童の様子を確認しながら進行

【音楽】『パプリカ』に合わせてカップミュージック！

山上　誠子教諭

私は吹奏楽部顧問でもあるので、この講座を企画しました。家庭にある紙コップ1個を机上に用意していただき、手で打ったり、机をカップでタップしたり、ひっくり返したり、手拍子を入れたりして、4拍子のリズムを刻んでいきます。

まずカップのてさばきの練習では、ゆっくりやってから受講生の表情を画面で確認しながら行いました。画面越しでも頑張ってくれている姿が垣間見え、その一生懸命さがとてもかわいらしいと感じました。

リズム打ちが仕上がったところで、中学吹奏楽部員による楽器紹

共立女子中学校

KYORITSU GIRLS' Junior High School

所 在 地■東京都千代田区一ツ橋2-2-1
アクセス■都営三田線・新宿線・地下鉄半蔵門線「神保町」徒歩３分、
地下鉄東西線「竹橋」徒歩５分、JR線「水道橋」・「御茶ノ水」徒歩15分
生 徒 数■女子のみ993名　電話■03-3237-2744

介、そして子供たちに大人気の「パプリカ」を吹奏楽部の演奏に合わせて、一緒にリズムを刻んでコラボするという内容でした。

受講生もニコニコと楽しそうに、画面の向こうで演奏してくれました。「初めは出来るか緊張していたが、吹奏楽部のお姉さん達と一緒に演奏できてとても楽しかった」「先輩方と一緒に演奏をできるなんて思ってなかったので、感激しました。1人ひとりがそれぞれの楽器を吹いてくれたことも嬉しかったです」などの感想をいただきました。

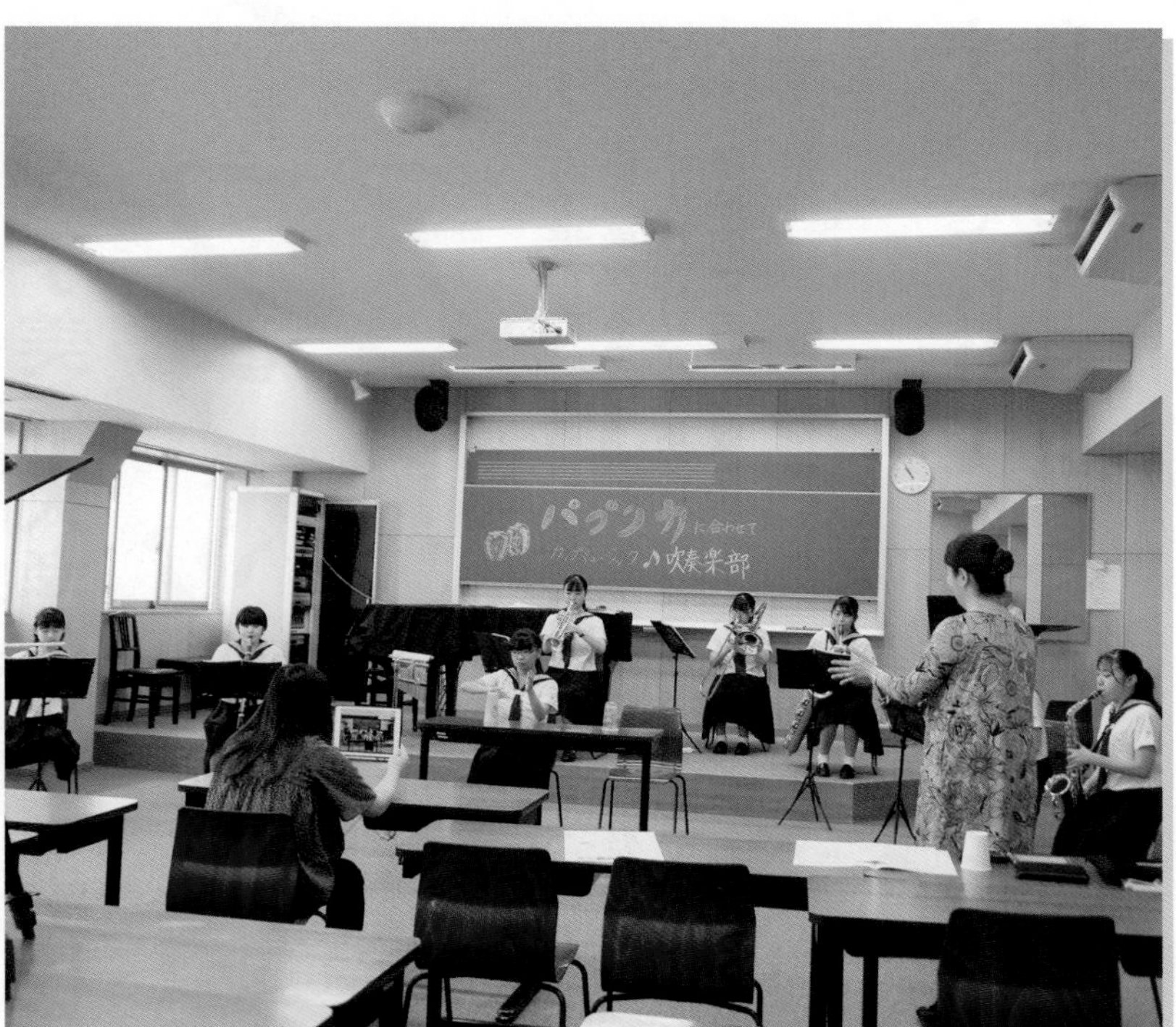
「パプリカ」を生演奏する中学吹奏楽部の部員たち

【国語】『ビブリオバトル』

高2有志生徒

共立女子では、現代文の授業でビブリオバトルを行います。今回は、国語科の先生から私に声をかけていただいたので、オンラインによるビブリオバトルに参加しました。

ビブリオバトルは、何人かが本を紹介し、1番読みたくなった本を観察が投票で決める書評会です。本のあらすじや好きな所だけを伝えるだけでなく、伝えた上で相手に読んでもらいたいと思ってもらうための工夫が必要です。

紹介のために準備していると、よりその本を深く味わうことができるので、普段の読書と違う面白さがありました。また本の紹介を通じ、参加した友だちがどんな考えを持っているのか、新しい一面を知ることができるのも魅力です。

今回のオープンキャンパスは直接対面ではなく、観察の反応を受けながらの紹介はできないため、一方通行にならないか不安でした。しかし、紹介後には本について次々と質問してくれて、とても嬉しかったです。私たちが紹介した本を、さっそく買ってくれるという方もいました。今回はパソコン越しではありましたが、ビブリオバトルを見ていただけてよかったです。

春にもオープンキャンパスを実施予定ですが、新型コロナウイルスの状況によっては、今回と同様にオンラインでの実施も考えています。みなさまのご参加をお待ちしております。

カメラに向かって本のアピールをする生徒の様子

全員集合 部活に注目！

女子美術大学付属中学校（じょしびじゅつだいがくふぞく）
ファッションアート部

女子美術大学付属中学校にはファッションについて広く学べるファッションアート部があります。1人ひとりが独創的な作品を生み出すことをめざし、積極的に活動に取り組んでいます。

今回紹介してくれたのは

中学3年生 H・Kさん
中学3年生 I・Sさん
中学3年生 O・Tさん

ファッションアート部の通称「FA」を表すポーズをとるみなさん

自分ですべて作り上げるからこそ技術が身につき自信も芽生える

ファッションアート部について、どんな部活動か教えてください。

I・Sさん「おもな活動は、年2回、10月にある学芸会・女子美祭と、3月に行う先輩たちの送別会での発表に向けて、衣装作りなどの準備をすることです。

衣装作りは、まずテーマをいくつか決め、それに沿ってデザイン画を描いていきます。例えば今年の女子美祭は『怒り』や『悲しみ』など様々な感情をテーマにしました。

デザイン画を見て、1つのテーマにつき2～3人ずつ振り分け、1人1作品を作ります。発表ではモデルもメイクも自分で行うので、このときに衣装に合わせてどのようなメイクをするかも考えます」

O・Tさん「自分が担当するテーマが決まったら、自分で型紙を起こして生地屋で布をカットしてもらいます。そこから約2カ月かけてミシンで縫っていきます。衣装は独創的なデザインを作り出すために、特殊な生地を使った

発表

1テーマ2～3人ずつ作品を作ります。自分で作った衣装を着てモデルも行います

テーマは「日本人形」で、和と人形の綺麗なだけでなく怪しい魅力を表現しています
デザイン画から作品を仕上げると…
ヘアメイク
緑×黄色
「緑×黄」がテーマの作品。メイクも緑色と黄色で統一しています

写真提供：女子美術大学付属中学校

女子美術大学付属中学校〈女子校〉

所在地：東京都杉並区和田1-49-8
アクセス：地下鉄丸ノ内線「東高円寺駅」徒歩8分
電　話：03-5340-4541
URL：http://www.joshibi.ac.jp/fuzoku/

り自分が考えた装飾を施します。ほかにも、本番ではファッションショーのように音楽に合わせてランウェイを歩くため、ウォーキング練習や演出の曲決めなども行います」

活動の流れについて教えてください。

I・Sさん「あまり定期的には集まりません。作品は各自で制作するため、部員が集まるのは、おもに発表のテーマ決め、発表前に行う部内での作品発表、夏休み明けのウォーキング練習のときになります」

活動のなかでなにが一番楽しいですか?

H・Kさん「部員同士で作品を見せあったときに、そんなデザインができるのか、といつも驚かされます。多くの部員が自分には思いつかないような大胆な作品を作るので、自分の作品作りの参考になります」

どんな苦労がありますか?

O・Tさん「1年生のころから本で調べたりしながら自分の力で作品を作るのはとても大変ですが、ファッションが好きという気持ちがあれば乗り越えられます」

将来の夢はありますか?

I・Sさん「部の先輩たちの多くがファッションにかかわる進路に進んでいく姿を見て、私もファッションを学び続けられるような進学をしたいと思っています」

H・Kさん「将来の夢はデザイナーです。空間デザインにも興味があるので、大学に進学し個展も開きたいです。自分が思うままに会場をデザインしたり、服を展示したりして活動したいのです」

O・Tさん「もっと大胆で、まだ世界にないようなデザインを形にしたいです。また大学に進学したら、知見を広げるために留学したいと考えています」

最後に読者に向けてメッセージをお願いします。

H・Kさん「私はこの部に入るために中学受験しました。小学生のころに新聞に掲載されていた、この部を取り上げている記事を読んで入部したいと思ったことがきっかけです。この学校には個性的な部活動がたくさんあり、ファッションアート部もその1つで、とくにファッションが大好きな人にはおすすめの部です」

I・Sさん「ファッションに興味はあるけれど、詳しくないという人でも大丈夫です。最初は大変ですが、一度やり切ることができれば、自分にすごく自信がつきます」

O・Tさん「自分の将来にもつながる活動だと感じています。モデルに興味がある人も服を作りたい人も入部してほしいです」

獨協中学校

教科教育や種々の学校行事を通じて 柔軟でしなやかな思考力、人間性を養う

男子校

獨協中学校（以下、獨協）は、開校から135年余にわたり、男子校だからこそできる男子の成長曲線に合わせた教育プログラムを実施し、学力と人間力に優れた人材を育ててきました。

近年、社会では異なるバックボーン（文化、歴史など）を持った人々とつながることができる、お互いに同じ目標に向かって協働することができる人材の育成が求められています。

獨協は、教科学習を中心に、学校行事なども通した人間形成を行うことで、そうした人材に欠かせない確かな学力、柔軟でしなやかな思考力や人間性を養っています。

その一端として、様々な教科において取り入れられているのがグループワークです。グループやクラスの仲間と考え、発表することを通じて、「つながり」を意識させています。

例えば中3の国語に「表現」という授業があります。クラスを半分に分け、あるテーマについてディベートなどを行っていきます。週に1度、1年間実施されるため、テーマは多岐にわたります。最近では「小売店の深夜営業禁止の是非」について意見が交わされました。

「もちろん、うまく議論がまとまらないときもありますが、それも含めて生徒たちにとっては貴重な経験となります。お互いに意見を投げあうような展開になると、我々教員が考えつかないような意見が出てくることもあります」と国語科の坂東広明教頭先生は話されます。

ドイツ研修旅行で訪れたダッハウ強制収容所跡

学校行事でも意識される人とのつながり

また、学校行事でもクラス単位での協働作業から始めて、徐々に活動の範囲を広げながら、他者と協働する機会をできるだけ多く用意することが心がけられています。中学段階での集大成は「中学体育祭」。中3を中心に組織された実行委員会が主体となって運営にあたります。先輩たちの姿を見ながら、後輩たちも育っていきます。

そして海外研修では、まさに異なる文化のなかで自身を見つめ直すことになります。

「ホームステイやイエローストーン・サイエンスツアーで訪れるアメリカは移民の国であり、しかしいまだに根深い格差が存在しています。実際に行けば、生徒たちはその現実に気づかざるをえません。

またドイツ研修旅行で訪れるドイツはヨーロッパで最も多くの難民を受け入れている国です。研修旅行では、中東からの難民の方々と対話する機会を必ず設けるようにしています。彼らの話を実際に聞くことで、生徒たちは、理想と現実の乖離、異なる文化の人々がともに暮らすことの難しさ、そしてそれを乗り越えるためにできることはなんなのかといった多くのことを考えさせられることになります。

容易に答えが見つかるような問題ではありませんが、そうした現実に触れ、自らのこととして考え始めることが、次代を担う彼らにとってなにより大切なことだと思います」と坂東教頭先生。

様々な人とのつながりのなかで、未来を切り拓く力を養っていく。これが獨協の教育です。

School Information

所在地
東京都文京区関口3-8-1

アクセス
地下鉄有楽町線「護国寺駅」徒歩8分、地下鉄有楽町線「江戸川橋駅」徒歩10分、地下鉄副都心線「雑司が谷駅」徒歩16分

TEL
03-3943-3651

URL
http://www.dokkyo.ed.jp/

2021年度入試日程

日程	時間	試験科目	募集人数
2月1日(月)	午前	4教科	約80名
2月1日(月)	午後	2教科	約20名
2月2日(火)	午前	4教科	約70名
2月4日(木)	午前	4教科	約30名

4教科：国語・算数・社会・理科、2教科：国語・算数

KOSEI DREAM

～夢をかなえる、世界のステージで～

過去2年間で英検1級8名、準1級69名 2019年度中学卒業時 準2級以上77%

学校行事・説明会日程

● 中学説明会
11/14（土） 12/5（土） 1/16（土）

● 適性検査型入試問題説明会＆プレテスト
11/14（土） 12/5（土） 1/9（土）

● 昼のミニ中学説明会
11/5（木）

● 夜の入試個別相談会
11/11（水） 11/18（水） 11/25（水）

佼成学園女子中学高等学校

〒157-0064 東京都世田谷区給田2-1-1 Tel.03-3300-2351（代表） www.girls.kosei.ac.jp
【アクセス】京王線「千歳烏山駅」徒歩5分 小田急線「千歳船橋駅」から京王バス15分「南水無」下車

ようこそ

サクセス12図書館へ

小学生のみなさんにおすすめの本を紹介するコーナー。
本が好きな子も苦手な子も読める本を探してきました。
自分に合った本を見つけて読んでみてください。

世界中で愛されてきた、だれよりも強くて自由な女の子。

「長くつ下のピッピ」

作　：アストリッド・リンドグレーン
絵　：イングリッド・ヴァン・ニイマン
訳　：菱木晃子
価　格：1,650円＋税
発行元：岩波書店

1941年の冬、病気の娘を元気づけるためにリンドグレーンが語り聞かせたのが、世界一強くて自由な赤毛の女の子の物語。世界中で愛されてきた「ピッピ」を、作者自身がお気に入りだったイングリッド・ヴァン・ニイマンによる挿絵と新訳でお届けします。ハチャメチャだけど心やさしくまっすぐなピッピの活躍から目がはなせません。

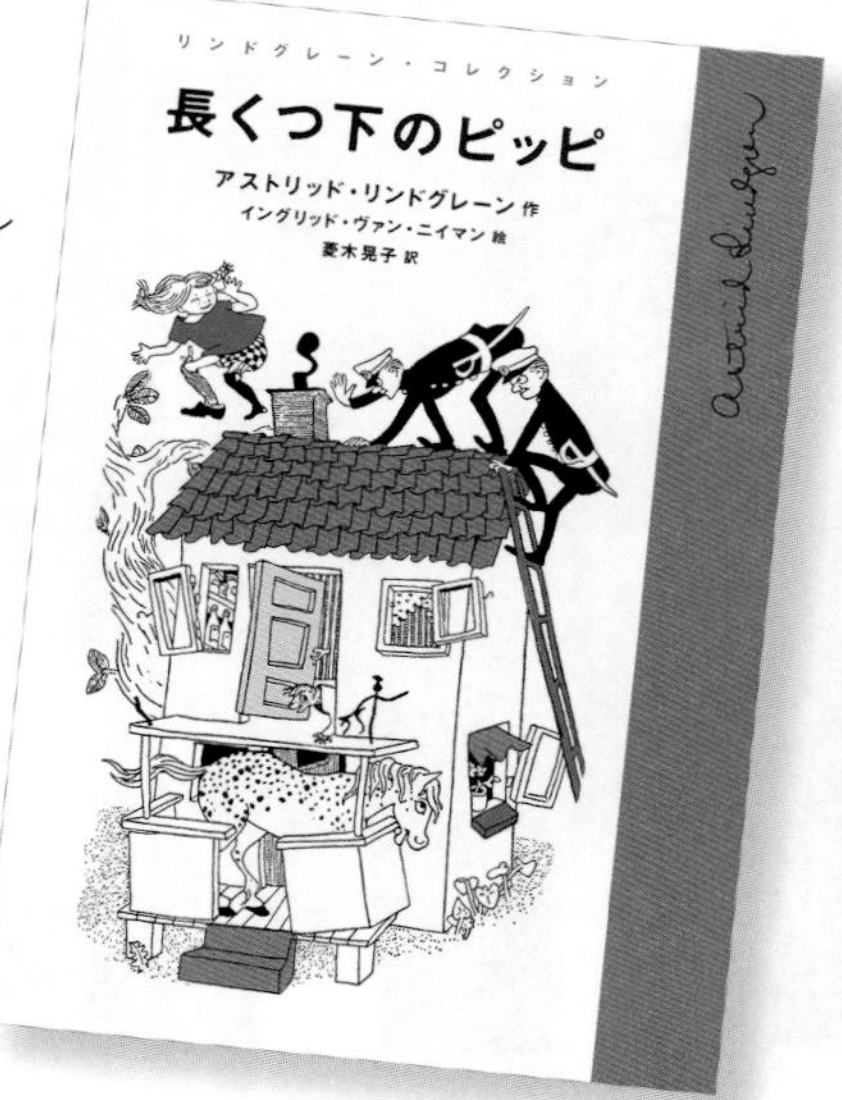

「ランドセルは海を越えて」

写真・文：内堀タケシ
価　格：1,400円＋税
発行元：ポプラ社

わたしたち、日本で生活する者にとっては、学校に行くことはごく普通の日常生活。でも、世界には学校へ行くことが難しかったり、学校そのものを造ることすら困難な国もあります。そんな状況の中で、子どもたちは何を想い、学校へ通っているのかを日常を優しく切り取った写真と共に伝えます。

ランドセルをアフガニスタンに贈る活動を紹介した写真絵本。

みんなとちがうっていけないこと？　自分とは〝ちがう人〟について考えてみよう。

「みえるとか みえないとか」

作　：ヨシタケシンスケ
相　談：伊藤亜紗
価　格：1,400円＋税
発行元：アリス館

宇宙飛行士のぼくが降り立ったのは、なんと目が3つあるひとの星。普通にしているだけなのに、「後ろが見えないなんてかわいそう」とか「後ろが見えないのに歩けるなんてすごい」とか言われて、なんか変な感じ。ぼくはそこで、目の見えない人に話しかけてみる。目の見えないひとが「見る」世界は、ぼくとは大きくちがっていた。

日記を通じて大切なこと学び、成長していく少年の姿を描いた夏の物語。

「願いがかなうふしぎな日記」

著　者：本田有明
価　格：1,300円＋税
発行元：PHP研究所

「望みはこれに書いておくといいよ。きっとかなうから」亡くなったおばあちゃんからもらった日記に、願いごとを書いた光平。もう一度おばあちゃんに会いたい、のぞみ号にまた乗りたい、お父さんとお母さんが仲直りしてほしい……。日記に書くと、ふしぎなことにその願いごとがかなっていく。

無数の人々の思いを巻き込んで、想像を超えた結末が訪れる……。

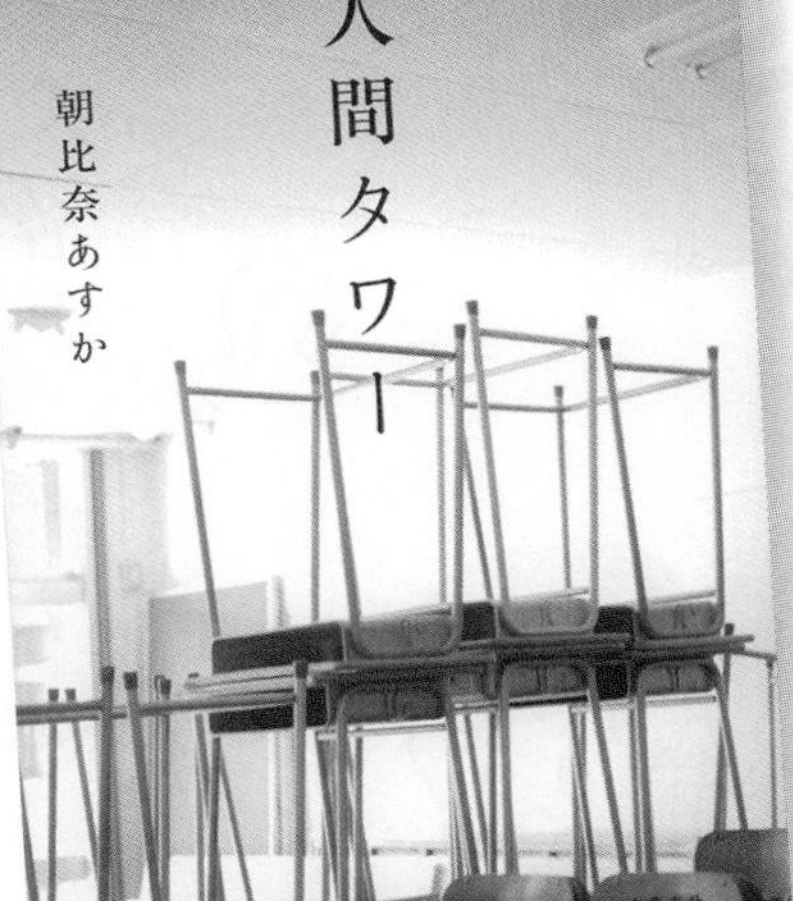

「人間タワー」

著　者：朝比奈あすか
価　格：1,500円＋税
発行元：文藝春秋

「人間タワー」で描かれる組体操は小学校の運動会で花形であり、一時その危険性ゆえ、さまざまに論議を生みました。その組体操をめぐり、いくつかの視点から、社会、人間のあり方に切り込みました。人間のネガティブな面も綿密に描きながら、ユーモアや爽快さを失わないのがこの作家の魅力でしょう。

本が大好きな2人の淡い恋と友情の物語。

「ふたり」

著　者：福田隆浩
価　格：1,300円＋税
発行元：講談社

クラスでこっそりといじめにあっている転校生の小野佳純とそのいじめを見つけてしまった村井准一は、2人とも同じミステリー作家、月森和が大好きだったことを知って仲良くなる。その月森和が別名で他にも本を書いていることと、実はその秘密が既刊本の中にあるらしいという情報を得た2人は、図書館へ通って謎説きに夢中になるのだった——。

こわれやすい心がぶつかりあう優しい青春小説。

「たまごを持つように」

著　者：まはら三桃
価　格：1,400円＋税
発行元：講談社

手の内は「握卵（あくらん）」。自信が持てず臆病で不器用な初心者、早弥。ターゲットパニックに陥った天才肌、実良。黒人の父をもち武士道を愛する少年、春。弓も心も、強く握らず、ふんわりと握って。
たまごのように不器用な中学弓道部男女3人が、たまごを持つように弓を握り、手探りで心を通わせていく。
弓道への情熱、不器用な友情と恋愛を描いた物語。

ココロとカラダの特集

子どもが信用できないとき、どうする！

子ども伸ばす子育てのヒント CASE 39

子どもに嘘をつかれたり、約束を破られてガッカリすることはありませんか。それが度重なると、子どものことが信用できなくなります。しかし、臨床心理士の的場永紋さんは、子どもは嘘をつくものだと言います。むしろ、嘘をつくのは成長の証であるというのです。永紋さんに、子どもが信用できなくなったとき、どうすればいいか聞きました。

イラスト／宮野耕治

的場永紋
まとば・えいもん
臨床心理士。公認心理師。心のサポートオフィス代表。東京都スクールカウンセラー。埼玉県の総合病院小児科・発達支援センター勤務。心のサポートオフィスでも子どもから大人まで幅広く心理支援を行なっている。
http://kokoronosupport.com

嘘を頭ごなしに叱っても多くは解決にならない

子どもは、様々な嘘をつきます。例えば、まだ宿題をやっていないのに、「やった」とごまかしたり、自分の都合の悪いことをとぼけて忘れたふりをすることもあるでしょう。叱られるようなことをしてしまったときに、怒られるのが嫌で人のせいしたり、「自分はやっていない」と責任を逃れようとすることもあります。本当は体験していないことを、「したことがある」と強がって嘘をつく。失敗したことやできなかったことを認めるとプライドが傷つくために、それを認めない。本当は挑戦するのが怖いけれど、体調が悪いと嘘をついて回避しようとする、などな

（子どもの嘘や秘密は「成長の証」）

自分と他人の違いを意識する

自分の中に秘密を持つ

「自我の芽生え」「自意識を持つ」

「主体性」が育まれる

ど、挙げればきりがありません。

また、親の期待に応えようとして、本音ではないことを言ってみたり、していないことを「できた」と大げさに報告することもあります。親を喜ばすために、「自分はすごいぞ」という作り話をすることもあります。逆に、親に心配をかけさせまいとして、本当のつらい気持ちを隠して、元気なふりをする子もいます。

このようなことが繰り返されると、子どもの言っている事と実際の行動が一致しないため、徐々に子どもの本心がわからなくなってきます。子どもの発言を聞いても信用できない気持ちになってしまいます。

こういうときの親の対応は簡単ではありません。「嘘をつくことはいけない」と頭ごなしに叱っても、解決にならないことが多いからです。

もちろん、「嘘をつくと相手の信用をなくすから、嘘はいけない」と、子どもに教えることは大切です。しかし、一方で子どもには嘘をつかざるを得ない理由や背景があるので、それを踏まえる必要もあります。

嘘を頻繁につくことが癖になっている子どもの多くは、些細な嘘であっても過度に怒られた体験をしています。嘘がバレて怒られないようにするために、嘘に嘘を重ねてごまかす術を身につけてしまっているのです。もし子どもが繰り返し嘘をつく場合、まず、なぜそんなに嘘をつかなければならないのかを、親の方が考えてみる必要があります。

そもそも、子どもが嘘をつくことは、心の成長と関連があります。小学校の中学年（9，10歳）くらいになると、「自己中心性」から脱却していきます。それまでは、自分の感じ方や考え方が中心で、他人についても「自分と同じように感じて考えているのだ」ととらえていたのが、徐々に他人については「自分の感じ方や考え方とは違うのだ」と実感するようになります。つまり自己中心で他人を見ることがなくなるのです。

そこから、自分と他人の違いを意識するようになり、「自分の心の中で感じていることや考えていることを、親や友達は知っているわけではない」ということがわかってきます。それが、自分の中で「秘密を持つこと」につながるのです。「このことは、親や友達には知らないでいてくれた方がいいな」と思うことが出てきて、それを自分のなかにしまい込むようになるのです。このような心の成長を「自我の芽生え」とか「自意識を持つ」というわけです。

自分の中に秘密を持つようになると、「自分の中に、自分しか知らない自分がいる」わけですから、自分と他人との境界線に対する意識が強まります。自他の境界線が明確になることで、自分自身という感覚をより実感できるようになります。この感覚から、「主体性」が育まれていくのです。

このように子どもの成長を考えていくと、子どもが嘘をついたり、秘密を持って隠し事をすることは、まさに「成長の証」であるといえます。

子どもがわからなくても不安を感じず見守ろう

人間関係をこなしていく上で、秘密や嘘は必要悪である場合があります。ある程度のごまかしや隠し事があって、他人との関係がうまくいくということもあるでしょう。そういう本音と建て前を学ぶことは、社会性を身につけていくことでもあります。

このことをふまえると、子どもの些細な嘘や隠し事を叱責することは、心の成長を阻害しかねませ

× 子どもの秘密を暴こうとする

ん。また、子どもの心の中の秘密をすべて知ろうとして、過度に詮索したり、尋問してまで嘘を暴こうとすることも、よくありません。親がそういう様に過干渉になってしまうと、子どもは「自分という感覚」が育くむことができず、主体性が損なわれてしまいます。自分自身で考えて行動できずに、常に指示待ちの受け身な姿勢になってしまいます。あるいは、親の侵入から自分の心を守るために、親に強い反発を示すこともあります。これは過干渉な親から、なんとか自分の心を守ろうとしているのです。

「嘘はいけないことだ」とはっきり伝えた上で、人を傷つけない程度の嘘を子どもが言ったとしても、とくに叱責する必要はなく、スルーしてよいでしょう。子どもは、うっかり嘘をついてしまうこともあります。言葉で説明するのが苦手で、話しているうちに辻褄が合わなくなってしまい、結果として嘘をつく子どももいます。このような場合に叱責しても意味がありません。それよりも、次にそうならないためにどうすれば良いかを具体的に話し合うことの方が得策です。

子どもが秘密を持つようになって、子どもの心の中がわからなくなったとしても、それに不安を感じるのではなく、やさしく見守ることが大事です。

思春期に入った子どもの場合、何を考えているのか、どんな気持ちでいるのかが、親にとってわからない方が、むしろ健全な距離感が保てていると言えます。「何一つ隠し事がない、何でも話し合える関係が良い親子関係だ」と思っているとしたら大きな誤解です。親は子どものことを何でもわかっていなければいけないなどと、思わない方がいいのです。

といっても、親子間で頻繁に約束が破られたり、嘘をつかれてしまう状態が続いているとしたら、親子の関係性に問題があるといえます。

「子どもを追い込んで嘘をつかせてしまっていないか」「過干渉になりすぎていないか」「過度な期待をかけていないか」「強圧的で支配関係になっていないか」など親子の関係を見直すことが必要です。

子どもが約束を守れないのは、約束やルールに子どもの意見が取り入れられず、親の一方的な押しつけになっているせいかもしれません。子ども自身の希望や実態にあった役割を、子どもに与えていることができているでしょうか。親が自分を認めてくれないため、親の注意を引こうとして、約束破りや嘘を繰り返すということもあります。

このように、子どもの嘘、そのものではなく、親の関わり方、親

○子どもの秘密をやさしく見守る

子育てにおいては「信用」より「信頼」に重きを置く

そのとき条件をつけない

子どものことを、とにかく信じ切る

子どもが失敗しても、親の期待に添わなくても、信じて見守る

子の関係性を通してそれを見ていくという姿勢が必要になってきます。

信頼とは未来の行動を信じて期待すること

そもそも、「信用」と「信頼」は違います。信用とは、過去の行動や成果に基づいて、それを信じても良いと判断することを指します。一方、信頼とは、相手に対して、未来の行動を信じて期待することを指します。つまり、信用は、相手に対する一方的な評価であるのに対して、信頼は、お互いの気持ちのやりとりの上で成り立つ感情であると言えます。子どもを信用できなくなってしまっているのは、親が一方的な自分の評価に偏りすぎているからかもしれません。

子育てにおいては、「信用」に重きを置くのではなく、「信頼」に重きを置いた関係を築くことが大切です。そして、そのときには条件をつけないことが重要です。つまり、信用できるだけの実績がなくとも、子どものことを、とにかく信じ切ることです。子どもが失敗しても、親の期待に添わなくても、「子どもは自分自身の人生の主人公として、子どもなりに主体的に歩んでいける」「この子はこの子なりになんとかやっていけるから大丈夫だ」と信じて見守ることです。

そして、もう一つ、信頼関係はなによりも、お互いの気持ちを確かめ合う対話から育まれていくということを忘れないでください。

友達が、
他の子の悪口を
よく話してきます。
困ってしまいます。

「友達が『内緒だよ』と言って、他の子の悪口をよく話してきます。陰口を言いたくないので、困ってしまいます。」　（小6女子）

アドバイス

高学年になると、友達関係において「内緒話を共有すること」が仲のよい証になることがあります。秘密を守り合うことで信頼関係につながっていく一方、**秘密を暴露すると裏切り行為になってしまい、関係が崩れてしまうこともあります。**

秘密の内緒話が、他の人の陰口になっている場合、同じように感じていない子は戸惑ってしまうでしょう。陰口の対象が同じ仲良しグループの人であったり、自分が仲良くしている人だった場合はなおさらです。内緒話を共有することで、自分も同じようにその子の悪口を言っていることになるのではないかと心配になるのです。

悪口に同意したくないときには、相手の意見に同調せずにいることが大切です。同調せずにうまく話を聞くことができ、さりげなく話題を変えることができるようになると、陰口を言い合う関係に巻き込まれなくなります。

悪口に同調せずに話題を変えるコツ

3 「例えば？」「それからどうしたの？」といった、話が膨らむ言葉がけをしない。

話が膨らんでしまうと、悪口がどんどんエスカレートしてしまいます。

4 「悪口を言っている人の気持ち」に焦点を当てて話を聞く。

悪口を言う人は、「何かに困っているのだ」ととらえてみます。

5 「悪口を言っている人の気持ち」にそった言葉を返す。

「嫌な気持ちになっているんだね」「困っているんだね」「つらいね」と返すことで、気持ちをわかってもらえたという満足感を与えることができます。

6 悪口からストレス解消法へと話題を変換させる。

「ストレス解消できている？」「気分転換しない」とストレス解消法の話に流れを変えてみます。

7 悪口が止まらずに続いてしまうときは、会話から離れる。

何かしらの用事があると告げて、その場からうまく離れるようにします。

8 「悪口に同調しないと機嫌が悪くなる」「今度は自分に対する悪口を言うようになった」という場合には、付き合いを考え直してみる。

友達関係をやめて、距離をとって付き合うのも必要なスキルです。

ココロとカラダの特集

親が子育てに悩んでいるとしたら、
子どもにも、不満や悩みがあります。
このコーナーではその親の悩みと
子どもの本音の両方に対して、
的場永紋先生が臨床心理士の立場から
アドバイスします。

小学5年の息子が、「大人はずるい」と言ったりするようになりました。素直に言うことを聞いてくれません。

アドバイス

高学年になると、大人に対する反応が少しずつ変化してきます。身近な大人である親や先生の言動にいちいち反応し、イライラするようになります。

直接、反発したり、文句を言ってくる子どもはわかりやすいのですが、ただイラついた様子だけを見せる子どももいます。あるいは、表面上は素直に従っているようでいて、裏で悪口や陰口を言う子も少なくありません。

思春期に入った子どもは、「大人はこうあるべきだという理想的なイメージ」と「現実の大人」の違いに気づき始めるのです。そのため、大人のずるさ、ごまかし、弱さなどに気づき、それが許せない気持ちになるのです。

このような子どもの変化に対して、子どもに負けまいと対抗しようとしても、なかなか良い結果にはつながりません。むしろ、**大人側が負けを認めて、大人の駄目さ加減に気づく成長した我が子を褒める気持ちを持った方がいいのです。**駄目な大人は反面教師だから、「そうならないように頑張って」と応援してあげるくらいのスタンスでいてあげられたらいいと思います。

1 まずは、「相手の考えや意見に同調しなくてもいいのだ」と思うことが肝心。

相手と異なる考えや感じ方があって当たり前、と思うようにする。

2 「〜だよね」「そう思わない?」といった同調を求める言葉がけに対して、「そうだよね」「嫌なやつだね」などの同意の言葉で返さない。

力を育む

5 ストレスに耐える力をつける

抱えられること

ストレスに耐える力

コントロールできること

抱えたストレスを放棄しないこと

社会人になり、同じようなしんどい状況に置かれて、乗り越える人がいる一方メンタルヘルスに不調を起こす人もいます。メンタルヘルスが不調になったらダメというわけではないですが、親としては我が子には、前者になってほしいと思うでしょう。そのためには、子どもに「ストレスに耐える力」を身につけさせる必要があります。

この「ストレスに耐える力」には2つの要素があります。1つは「ストレスを抱えられること」、もう1つは「ストレスをコントロールできること」です。

例えば、提出期限間近の手つかずの課題が複数あります。いくつかはできそうですが全部終わらせるのは難しそう、そんな状況です。これまで期限を過ぎたことはなく先生からの覚えも良い、それなのに今回は提出できないかもしれず先生の期待を裏切りそうで、そのことが自分を苦しめます。皆さんだったらどうするでしょうか。

さっさとあきらめて好きなゲームをする、できない課題を出した先生が悪いと責任転嫁する、どちらも一旦心が楽になりますね。これらはストレスを放り投げる方法で、心の健康を害する位のストレスが降りかかった時に役立ちますから、これはこれで大切なスキルです。ただしストレスを放ってしまい抱えませんから、こればかり多用するとストレスを抱える力が鍛えられません。

ストレスを抱える力が鍛えられないと、大きなストレスを抱えられるようになりません。例えば会社で重要案件を担う場合、重要案件の担当者はストレスが大きくなりがちです。ストレスを抱えられないため放棄したくなりますね。しかし、仕事を放棄することは通常許されませんからどうしようもないわけで、こうなるともうメンタルに症状化するしかありません。こうした経緯で生じるうつ状態を「回避型うつ」あるいは「新型うつ」と呼び、産業のメンタルヘルス領域では深刻な問題です。

将来、そうならないためには、子どものときから、ストレスを放棄せず適切に抱えるようにすることが大切です。親は子どもに、そういう経験をさせることが必要になります。先ほどの例であれば、「全部終わらないかもしれないけれど、できることはやろう」と励ましましょう。「評価は下がる、やってもムダ」と思いつつ課題に取り組むことは、まさにストレスを抱える体験です。

そのときに「自分の責任でやりなさい」と放任しないことです。放任されると大抵はあきらめて、結局ストレスを放棄します。課題を手伝っても良いのです。ただし、「仕方ない、今回だけやってあげるからあんたはもう寝なさい」と肩代わりをしてはいけません。これもストレスの放棄になり、抱えたことにならないのです。

こうした体験を積み重ねストレスを抱えるようになると、今度はストレスの影響をコントロールす

ココロとカラダの特集

子どもの シリーズ

「子どもの力を育む」をテーマに
様々な子どもの能力をどう高めたらいいか
シリーズでお届けしています。
５回目は現代社会を生き抜くために必要な
ストレスに耐える力についてです。

文／齋藤修司　臨床心理士、公認心理師。
都内にカウセリングルームを持っている
イラスト／土田菜摘

ることが必要になります。ストレスの影響は時間とともに落ち着きますが、抱えるだけではパンクしてしまうこともあります。ストレスをコントロールする方法は多くありますが、ここではストレスの受け止め方について触れます。

実はストレスは受け止め方によって負担度合いが大いに変わります。例えば親友とケンカして、「お前の顔なんてもう見たくない」と言われたとします。この時、「ああ自分は嫌われた、二度と親友に戻れない」と受け止めたらストレスは増加しますが、「親友でもたまには大喧嘩する」と受け止めたらストレスは減少するでしょう。

物事の受け止め方を認知と言いますが、認知のあり方によってストレスはかなりコントロールすることができるのです。

ストレスを過大に受ける人は物事を否定的に捉えがちで、しばしば客観的ではありません。喧嘩したからといって「二度と親友に戻れない」と決めつけるのは、客観的に考えるとおかしな発想です。

否定的な考えに違った見方を提示

子どもがこのような否定的な考えを話しても、親はそれに理解を示した上で、違った見方を提示しましょう。「そうね、親友に戻れないとも考えられるわね、でも前も同じこと言って戻れたから今回も戻れるかもしれないわよ。親友でもケンカのときはそういうこと言うんじゃない?」と本人とは違う考えを提示します。すぐには違った考え方を受け入れられませんが、繰り返し違った考え方を提示されると徐々に違った考え方ができるようになります。

この方法は認知行動療法と言って、うつ病の方の復職支援やストレスケアで幅広く行われており、科学的に効果が実証されています。「親友に戻れない」と考えると悲しみ、不安など否定的感情が生じる一方、「前も戻れたから必ずしも親友に戻れないわけではない」と考えると否定的感情が減り、ストレスを減弱させます。こうした方法を通じて、物事の受け止め方にレパートリーを増やしておくと、子どもがストレス場面で様々な考え方を自己選択し、ストレスをコントロールできるようになるのです。

現代はストレスの時代と言われ、うつ病をはじめとしたメンタルヘルスが不調の方は大変多くおられます。例えば、地方公務員の長期病休者のうち5割強はメンタルヘルス関連が理由で、長期病休の理由としては断トツでトップです。不調になっても回復はしますが、苦しい思いをすることに変わりはありません。そうした現代だからこそ、ストレスに耐える力をつけることはとても大切です。現代を生き抜くために必須の力です。ぜひお子さんに、その力をつけてあげて下さい。

子育ての参考書

子どもの好奇心を育てよう

子育てに役に立ちそうな本を紹介するコーナーの2回目、取り上げたのは「好奇心」の大事さを説いた本です。とはいっても、子どもの好奇心を育てるにはどうしたら、いいのでしょうか。本書では、様々な形で、好奇心を育てる方法を提案しています。

好奇心が育った子は自分で学んで成長する

今回紹介する本の著者、本山さんは東京大学の工学部を卒業して、ハーバード教育大学院の修士課程を修了したという経歴を持っています。しかも小学6年生から2歳までの5人の子どものパパ、育休は4回とったそうです。学歴の華麗さも大したものですが、5人の子どもを育てているところにも敬服しますね。現在は日本財団の子どもサポートチームのチームリーダーなどを務めています。

この本山さんが、自分自身の勉学や5人の子どもの子育ての経験を踏まえて書いたのが本書で、一番のポイントは「子どもの好奇心を育てよう」ということです。好奇心が育った子どもは、自分で学び成長し続けることができるので、そうでない子と20年後、30年後には大きな差が生まれるというのです。

ところが、日本の現在の教育では好奇心が育てられていないのではないかと、本山さんは危惧しています。

ＯＥＣＤ（経済協力開発機構）が行う大人の学力の調査である「国際成人力調査（ＰＩＡＡＣ）」では、16歳から65歳を対象に様々な能力を評価します。知的好奇心に関する項目もあって、２０１２年の調査ですが、知的好奇心の指数はトッ

大和書房発行
定価：本体1400円（税別）

本山勝寛　もとやま　かつひろ
日本財団子どもサポートチームチームリーダー兼人材開発チームチームリーダー。東京大学工学部システム創成学科知能社会システムコース卒業、ハーバード教育大学院国際教育政策修士課程修了。ブロガーとして独自の子育て論や教育論を展開する一方、『１６倍速勉強法』（光文社）など著書も多数ある。

プがスウェーデン、日本は23ヵ国中22位でした。スウェーデンに次いでアメリカ、デンマーク、フィンランドなどが上位を占めています。CQ（Curiosity Quotient 好奇心指数）の重要性が最近、海外では注目されてきているのに、日本では知識を増やしたり、認知能力やIQ（知能指数）を伸ばすことばかりに関心が向いているのではないかというのです。

コトバへの好奇心を様々な方法で高めよう

それでは、子どもの好奇心を伸ばすにはどうしたらいいのでしょうか。本山さんは本書のなかで、具体的に様々な提案をしています。

まず大事なのはコトバへの好奇心を高めるということです。学校読書調査（2019年）によると、1ヶ月に1冊も本を読まなかった人の割合は小学生で6・8％中学生で12・5％高校生で55・3％でした。学校へ行けば行くほど、本を読まなくなってしまっているのです。

本山さんはコトバへの好奇心を高めるのには、ダジャレ、しりとり、なぞなぞといったコトバ遊びがいいと言います。親子でコトバ遊びのキャッチボールをするのです。また気軽の読めるマンガで「のめりこむ読書体験」をさせようと提案しています。文字の本はだめでも、マンガならのめりこむことができる子がいるはずです。それが、文字の本につながります。また、イベントや節目に手紙を書くこともすすめています。親子で一緒にミニ絵本をつくるのもいい方法だといいます。

次に本山さんが重視しているのが、自然に触れさせるということです。好奇心を育てるのに自然は最高の教材だというのです。自然が豊かな公園に出かけて、イキモノ探しをします。時間を忘れてイキモノを探して、見つけたときに発見の喜びを体験することでさらなる好奇心が高まります。いろいろ工夫してザリガニを釣ったり、チョウをつかまえるのもいい経験です。見つけたイキモノは図鑑とネットで調べます。カブトムシなどを卵から成虫に育てるのも好奇心を持続させることに役に立ちます。虫が苦手な子は植物を育てましょう。前述の知的好奇心の指数でスウェーデンがトップだったのは、自然教育が充実しているせいかもしれないと本山さんは言います。

このほか、カラダを動かすことと好奇心の関係、カズへの好奇心を高めて算数、数学が好きになるにはどうしたらいいか、ヒトとの関わりが好きなコミュニケーション力のある子に育てるにはどうするかなど、好奇心に関連して様々なことが書かれています。

植物の成長を経験しよう ≪ **自然は好奇心を育てる最高の教材** ≫ イキモノを見つけよう

体のなかのエネルギーをアップ！「王様のねじりのポーズ」

畑中麻貴子先生

ヨガインストラクター＆ライター。ヨガや太極拳、気功、ソマティックスなボディワーク、セラピー、食など東西のさまざまな学びを通じ、いかに自分の身体と仲よくなり、本来持っている「健やかさ」を培っていくのかを探求中。
https://yoga-gathering.amebaownd.com/
写真／プリチャード香里

大腸を中心に内臓を活性化するのが「王様のねじりのポーズ」です。便秘や下痢気味だったり、緊張などストレスを感じるとお腹の調子をくずしてしまう…そんな「腸」の悩みを改善します。呼吸とともにねじって、体ポカポカ・消化力アップ。次第に毎日のリズムが整って、カラダとココロの調子がよくなります。

●カラダへの効果

背骨～首までしっかりツイストすることで、長時間の座った姿勢で固まってしまった筋肉、おしりや腰、背中、肩、首のコリや痛みを解消します。

●ココロへの効果

背骨をねじると胸や肋骨にスペースが広がります。縮こまっていた肺にたっぷり息が入ることで気分がリフレッシュ。脳もスッキリ、クリアになります。

Point
息をすって
背筋をのばす。
息をはいて後ろへねじる。
気持ちよく
息ができるところで
ゆっくり
５回呼吸をします

1. 両足を前にのばして座ります。次に右ひざを立て、のばした左足にひっかけます。右手で右ひざをかかえて、左手は左のおしりのななめ後ろにおきます。ここからスタート。
2. まっすぐ前を向き、すう息で背筋を地面と垂直にのばしてから、吐く息でお腹→胸→肩先→首→目線の順番で左にねじっていきます。
3. 心地よいところでキープして５回呼吸。終わったら、吐く息でゆっくり正面へ戻ってきます。足を組み替えて、反対側のねじりも行います。

背中を伸ばすことが大事
座ったとき、背中が丸まらないように注意しましょう。

背骨を中心にツイスト

頭頂から尾骨まで、背骨を一直線に伸ばしてから、体をひらくようにします。

おしりを地面につける
足を組んだとき、両方のおしりが浮かないように

ステップアップバージョン

上のポーズができるようになったら、少し難しいバージョンにトライしてみましょう。まず、伸ばした左足を右のおしりのほうへたたみます。腕を曲げて、指先を立て右ひざ内側にひっかけます。ここからねじりスタートです。

大人と同様に子どもだって意見をいう自由を持っている

保健室は子どもたちにとって大切な居場所です。
そこでは、担任の先生や親の前とは違った顔を見せてくれます。
子どもたちの今を、保健室よりお伝えします。

文／五十嵐 彩・いがらし あや　東京都内の公立小学校で養護教諭
イラスト／ふじわら かずえ

「ひどくない！私もう二度と手を挙げて発言なんてしない」

５年生のリナが保健室に来るなり口をとがらせながら言いました。
「授業中、まったく手が上がらなくてさ。先生が間違ってもいいよっていうから、手を挙げて発言したの。でも、私の言ったことは間違っていたのね。で、先生ったら何にも言わずに私の発言を流したんだよ！ひどくない！私もう二度と手を挙げて発言なんかしない」
と怒っています。また別の日、６年生の男子５・６人が保健室に流れ込むようにして入って来るなり
「なんで校庭で遊んじゃいけないんだよ！雨にぬれたって平気だよ」「俺、絶対風邪なんかひかないのに」「こんな雨、遊んでいるうちに止むってば」

と口々に不満があふれてきました。**保健室には、様々な“子どもの声”が届きます。一見、深刻なメッセージではないように感じますが、子どもたちは本音をもらしてくれているのです。**

リナの場合、担任はリナに対して恥をかかさないように配慮したのかもしれません。しかし教師としては、的を射ていない意見が出てきたとしても、それを上手にくみ取って全体に返すような対応が必要だったかもしれません。

子どもからだけの一方的な話では真相はわからないものの、リナが意見を受け入れられなかった思いをしてしまっていることについてはどうにかしたいと思いました。放課後、担任にリナの話をすると「リナの発言をきっかけに他にも意見が出てきたので、そのままになってしまった。そんな気持ちになっていたなんて気づかなかった」と振り返ってくれました。

子どもが自らの考えを発言できる保健室でありたい

雨で校庭遊びができなかった男子の気持ちはわからなくもありません。私も校庭でのびのびと遊んでほしいという気持ちでいっぱいです。しかし、小雨とは言えない雨の中「遊んでいいよ」とは言えません。そこで、天気はどうしようもないけれど、せめて子どもが不満に思っている気持ちには寄り添いたいと思い「雨」の悪口を聞いていました。すると、たまたま通りかかった担任に「用事がないなら教室でおとなしく遊ぶように」と注意されてしまいました。子どもの不満の矛先が「雨」から一気に「担任の先生」に変わる空気を感じました。

担任の言うことは間違ってはいません。しかし、保健室にいる理由をたずねることなく子どもに声をかけたことに違和感がありました。廊下に出て担任と「子どもたちは保健室のルールを守って過ごしています。友だちの悪口をいったり、走り回って遊んだりしているわけではないので安心してください」「雨続きだとイライラした気持ちになりますよね。子どもも同じ気持ちなんですよね」ということを話しました。

大人が意見を言う自由をもっているのと同様に、子どもも意見を言う自由をもっています。時に不満として現れる言葉に子どもの本音が潜んでいることもあります。

私は、「子どもは大人より未熟だ」「子どもは甘やかしてはいけない」という思いが自分の中にないかときどき確認するようにしています。もちろん、子どもの言い分を全て押し通すことや、決まり事をなくそうというのではありません。**子どもからの言葉も一人の意見として大切にしたい、子どもが自らの考えを発言できるような保健室でありたいと思っています。**

後日談ですが、リナの教室の前を通りかかると元気よく手を挙げる姿が見えました。担任と子どもとの関係でよいところは、日常のやりとりで関係性を再構築できるところです。

そして、雨が続いたときに妙に６年生の教室が盛り上がっていたことがありました。担任の発案で「コマ回し対決」を教室で開催したのだそうです。どちらの担任も、子どもの笑顔に喜んでいました。

子どもたちの名前は仮名です。個人が特定できないように事実関係に手を加えている場合があります

ココロのInterview 84

はなわ

［タレント］

自分が正しい生き方をしていれば それが子どもにも伝わる

佐賀県のネタで一躍人気者となったはなわさん。お笑いにとどまらず、サウンドプロデューサーなど幅広い分野で活躍を続けています。柔道に励む3人の息子さんの良き父親としても知られ、2017年にはベスト・ファーザー賞も受賞。最近はYouTube『はなわチャンネル』で仲の良い一家の様子をアップし、人気を博しています。そんなはなわさんに子育てに対する熱い思いをうかがいました。

文／粂 美奈子

家族は一緒にいるべきと一家全員で佐賀へ

『佐賀県』の歌でブレイクしたので、佐賀県出身と思われることが多いのですが、生まれは埼玉県の春日部市です。2歳で千葉県我孫子市に引っ越し、佐賀には小学6年生のときに移りました。商社マンだった父の転勤がきっかけです。

父は単身赴任でもいいと思っていたらしいのですが、「家族はみんな一緒にいるべき」という母の考えで、一家全員で佐賀へ。兄は中学3年生で受験の時期でしたから、かなり微妙なタイミングですよね（笑）。とはいえ、母のこの決断がなければ、『佐賀県』の歌も生まれていないし、佐賀出身の嫁さんとも出会えていなかったわけですから、母には感謝しています。

引っ越した当初は、千葉との環境の違いに戸惑い、ここで暮らしていけるのかと少し不安になりましたが、すぐに慣れました。もともと明るい性格だし、体格も良かったのでいじめられるようなこともなく、すぐに友達もできましたね。兄弟3人とも1カ月で佐賀弁になり、親は「子どもの吸収力はすごい！」と驚いていました。

千葉と佐賀で育ったのは、自分にとっては良い経験になりました。だから、子どもたちにも同じような経験をしてほしいという考えもあり、長男が小学5年生の時に生活の拠点を東京から佐賀へ移したんです。いまからちょうど10年くらい前のことですね。三男が生まれてすぐの頃で、僕は仕事で地方を飛び回っていて、嫁さんに育児の負担がかかっていたんです。東日本大震災もあり、東京では何かと心細いというのも佐賀へのUターンを後押ししました。

子どもたちのことや仕事のことなど、帰るまではいろいろ心配していましたが、杞憂に終わりました。かつての僕ら3兄弟のように子どもたちもすぐに佐賀に順応して、友達もいっぱいできました。僕自身にも佐賀での仕事が入ったりして、佐賀の皆さんには本当に支えてもらっています。

佐賀＝はなわのように言われていますが、18歳で東京に出てきてしまったので、いまの佐賀のことをよく

HANAWA

わかっていない部分もありました。再び佐賀で暮らすようになって自分自身でもいろいろ気付いたことがあったし、僕の発言にも説得力が増して、佐賀に戻ってきてよかったなと思っています。

怖い存在だった母と優しく菩薩のような父

お笑いの道に進みたいと真剣に考え始めたのは高校生の時。勉強は好きではなかったし、バンドなどもやっていて目立ちたがり屋なところもありました。一生楽しく、ワクワクしながら働ける仕事ってなんだろうと考えたら、もう芸能界しかないと。

3兄弟のうち僕と弟（漫才コンビ「ナイツ」の塙宣之さん）が芸能界にいるわけですが、芸で身を立てたいというのは母の〝血〟を引いているんだと思います。母は人前でチャップリンの物まねなんかをする人で、若い頃は女優を目指していたんです。また、母方の祖父も尺八奏者で短歌などもたしなんでいました。そんな気質が僕と弟に引き継がれているのかもしれませんね。

親の愛情を伝えるため子どもにはスキンシップを大切にしてきた

ただ親には素直に「芸人になりたい」とは言えませんでした。思春期で照れ臭いという気持ちもあったし、反対されるのもイヤだった。それで、東京アナウンス学院という専門学校に行くことにしたんです。この学校にはアナウンサーや俳優、お笑い芸人などの養成コースがあるほか、照明家養成コースもあって、ここならカモフラージュできて、親も納得するかなと（笑）。

そうして上京したわけですが、親はやはり心配だったろうと思います。一体東京で何をやっているのかと。一度、父が東京出張の際に、僕のアパートに偵察を兼ねて泊まりに来たことがあったんです。その頃、僕はお笑いライブにも出演するようになっていました。翌日のライブに備えて練習したかったのですが、父の手前それはできない。ようやく父が寝た頃を見計らって部屋を抜け出し、夜の公園で練習をしました。そうしたら、どうも父はそれをこっそり見ていたらしいんですね。それで僕が真剣にお笑いに取り組んでいるのが伝わり、少し安心してもうしばらく様子を見ようということになったようです。

はなわファミリー
家族でお祝い旅行へ
お家で激ウマ！
鉄板焼きステーキ

昨年から始めたYoutube「はなわチャンネル」には家族も出演。仲の良い家族の様子や、体の大きな3兄弟の気持ちの良い爆食ぶりも話題になっている

VIDEO by Digital Media Label

どの家庭でもそうだと思うのですが、子どもたちのしつけを直接担っているのは母でした。怒ったり、苦言を呈したりするのは母の役目で、当時は怖い存在でしたね。一方、父は寡黙で、優しい人でした。怒られた記憶もなく、本当に菩薩みたいな人なんです。だから、この人に悲しい顔をさせちゃいけないというのが、僕の中には強くあって。時には厳しく接してくれた母と、優しくて菩薩のような父と、そのふたりの愛情はものすごく感じていたので、親を悲しませるようなことをしてはいけないとはずっと思っていました。それがあったからこそ、なんとか横道に逸れずに頑張れたのかなと思っています。

だから、親の愛情の大切さは身にしみて分かっていて、それは自分の子育てにも生かされています。教育よりも愛情！ 愛情を伝えるために、僕はスキンシップを大切にしています。僕もおぼろげながら覚えているんですよ。父が抱っこしてくれた感じとかね。

長男も、次男も、三男も、ずっとスキンシップを大切に接してきました。大学2年生の長男と高校1年生の次男はもうスキンシップできる年でないんですけれど（笑）、小学4年生の三男はまだ大丈夫。そろそろできなくなりそうですけれど、拒否されるまではやり続けようと思っています。

親から施された教育は自分の中に意外に息づいていて、子どもたちにも同じような対応をしていることが多いですね。その一つが放任主義。僕は親からああしろ、こうしろと言われたことがなく、全部自分で決めて芸人になりました。だから、子どもたちも同じように接しています。親の理想を押し付け過ぎてもかわいそうという気持ちもあるし。基本的には全て子どもたちに決めさせています。自分で選択して、それがだめで失敗したとしても、それはそれで

いい経験になるから。そうは言っても、口を出したいときはありますけれどね。でも、そこはぐっとこらえています。

子どもには怒らない 背中を見せることが大切

子どもたちは3人とも柔道をやっていますが、これも強制してやらせたわけではありません。長男が柔道を始めたのは、僕が懇意にしているオリンピック金メダリストの吉田秀彦さんに誘われて、道場に連れて行ったのがきっかけです。体は大きかったものの、柔道に興味があるようには見えなかったのですが、本人が「やる」と言うので、やらせました。そうしたらめきめきと頭角を現し、1年後には東京のチャンピオンに。次男と三男も「やりたい」と言うのでやらせているだけです。長男は「やめたい」と言うこともありましたが、結局頑張って続けています。実は僕は相撲好きで、長男にも相撲をやらせたくてさりげなく勧めたりしたのですが、だめでした（笑）。やっぱり柔道が好きなんでしょうね。

もう一つ父に似ているなと思うのは、子どもたちにはほとんど怒らないところです。嫁さんはけっこう怒りますから、バランスを取るという意味もありますけれど。僕は怒って何か小言を言ったとしても、それがきっかけで悪いところが改まったりすることはあまりないんじゃないかと思っているんです。それよりも背中を見せることが大切。親が適当な生き方をしていると、子どももそれを真似しちゃう。子どもに対して大きな愛情を持ち、自分が正しい生き方をしていれば、それが子どもにも伝わると思っています。

佐賀を拠点にする家族。はなわさんは佐賀と東京を行き来する生活

例えば、僕はいまの自分があるのは佐賀のおかげだと思っていて、一生佐賀に恩返しをしなくちゃいけないと考えているんです。そんな話は嫁さんともよくしていて、子どもたちも何気なく耳にしていたと思うんですよね。長男は柔道で頭角を現して、高校に進学する際にはありがたいことに東京の強豪校からも誘われました。でも、いろいろ考えた末に、佐賀の高校に進学することにしたんです。もちろん進学先の佐賀工業高校に素晴らしい先生がいて、その先生に指導してほしいという気持ちも強かったのですが、もう一つは佐賀への恩返しという気持ちがあったんじゃないかなと。「佐賀代表で日本一を目指す。佐賀でないと意味がない」と言っていたので、やはり親の言動はしっかり見聞きしてたんだなと感じました。

失敗してもいい 子どもには放任主義 自分で決めさせる

長男は20歳になり、大人の会話もできるようになってきました。3人の子どもたちには、佐賀に息づく「葉隠（はがくれ）」の武士道精神を持って、人に優しく、自分を犠牲にしても人のために生きるという気持ちを忘れないでいてほしい。人に尊敬される人物になってもらいたいですね。

はなわ

1976年、埼玉県春日部市で生まれる。小学6年から高校まで佐賀で過ごし、その時の体験をもとに2003年に発表した『佐賀県』の歌がヒットし、人気者に。小学時代からの憧れを実らせて結婚した夫人との間に3人の子どもがいる。2019年に開設したYouTube『はなわチャンネル』は、登録者数30万人を超える人気コンテンツに。

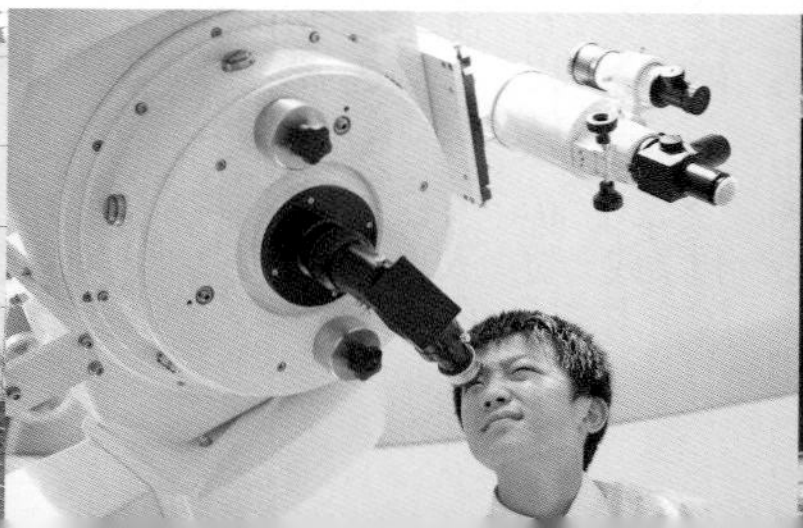

開智中学校

「特待に合格しやすくなります」

開智中学校（以下、開智）は、２０２１年度入試において、特待をS特待（入学金、授業料、教育充実費全額給付）、A特待（入学金および授業料の一部給付）、準特待（入学金給付）と拡充し、特待での合格者を増やすことにしました。より優秀な方に入学してほしいという願いからです。また、新しく導入する算数特待入試（算数１科入試）では合格者全員がいずれかの特待生（S特待、A特待、準特待）となります。

自分の力が最大限に発揮できる多様な入試問題

《２０２１年度入試の主な変更点》

変更点①…特待制度を拡充します。

変更点②…算数特待入試を行います。

変更点③…先端1入試で、希望者には開智未来中学校、開智望中等教育学校の合否判定をします。

変更点④…他の入試回と先端2を受けると、受験したなかで一番よい成績を参考にして合否判定を行います。

※出願は、Web出願専用サイトからのアクセスになります。

開智は、２０２１年度入試において、**先端1、先端特待、算数特待、先端A、先端2**の順で5回の入試を実施します。各回の問題傾向及び難易度については次のとおりです。

・先端1入試…1月10日（日）
普通合格と若干名の特待合格が出る入試です。都内上位校の問題レベルとなっており、募集定員が一番多い入試です。昨年までの第1回入試を基盤にし、入試問題の最後の方に先端Aレベルの問題も出題します。また、希望者には、追加受験料なしで、開智未来中学校、開智望中等教育学校の合否判定をします（変更点③）。

・先端特待入試…1月11日（月・祝）午前
合格者全員がS特待生となる入試です。都内最難関校の問題レベルで、合格者全員が特待生となります。基本的な知識も出題されますが、記述の文字量も多く、解答するにあたっての自分なりの考え方や記述力を問う問題を出題します。

開智中の会場

・算数特待入試…1月11日（月・祝）午後
合格者全員が特待生（S特待、A特待、準特待）となる入試です（変更点①）。算数特待入試は算数1科の入試です（変更点②）。先端Aレベルの取り組みやすい問題から先端特待レベルの難易度の高い問題まで幅広く出題します。

・先端A入試…1月13日（水）
特待合格が多め、普通合格も出る入試です（変更点①）。都内難関校の問題レベルとなっており、記述力および基本的な知識をバランスよく出題します。入試問題の最後の方に先端特待レベルの問題も出題します。

・先端2入試…1月14日（木）
普通合格と若干名の特待合格が出る入試です。標準的な問題が多く、加えて入試問題の最後の方に先端らしい問題を出題予定。なお、他の入試回と最終回となるこの先端2入試を受けた受験生は、受験した中で一番よい成績を参考にして合否判定を行います。（変更点④）

・入試予備日…1月25日（月）
新型コロナウイルス感染症等により入試当日に受験ができなかった受験生対象の4科入試です。なお、開智では、すべての入試において集合時間に時差を設け、受験会場の定員を減らすなど、十分な対策をして入試を実施します。

最難関校の併願としても最適な開智の入試

開智の入試には第一志望としている受験生はもちろんのこと、他校との併願者も多く受験しています。これは、開智の入試が、併願者にも様々なメリットがあるためです。そこで、次に他校との併願者にとっても受験しやすい点をご紹介します。

1．入学手続きは2月9日（火）まで

2月9日（火）が入学手続きの締切日です。

さいたま新都心会場

2．入学金は10万円

入学手続きの際には、入学金10万円が必要です。第1期納入金は、3月5日（金）までに納入してください。入学を辞退した場合には、入学金を除き、納入した全額が返金されます。初年度納入金は63万8000円です。

3．受験料への配慮

受験料2万円ですべての回を受験することができます。算数特待のみの受験は5000円です。さらに、受験料3万円で開智のほか、**開智未来中学校、開智日本橋学園中学校、開智望中等教育学校、4校すべての入試を受けることができます。**開智を受験することで、基本的な問題からハイレベルな問題まで、様々な入試問題に触れることができます。

4．得点通知により実力をチェック

どの回の入試でも、申込み時に希望すれば、出願専用ページから自分の各教科の得点を知ることができます。得点の分布表を表示するため、該当する入試における受験生自身の力をチェックすることができます。

5．アクセスの良い受験会場

1月10日（日）実施の先端1入試と1月11日（月・祝）実施の先端特待入試では、開智のほかに、さいたま新都心会場（さいたま新都心駅から徒歩1分、新宿駅から約30分）でも入試を行います。また、1月11日（月・祝）午後実施の算数特待入試は、開智のほかに大宮ソニック会場でも入試を行います。

大学入試で終わらない人材の育成

開智では、様々な個性や実力を持った受験生が自分の力に合った回で合格を手にしてほしいという願いから、問題の傾向や難易度の異なる5回の入試を行っています。開智に入学した様々な個性は、6年間をかけてさらに磨かれ、自己実現に向けて羽ばたいていきます。開智の教育は、専門分野で社会貢献できる学力を身につけ、実社会で活躍できる人材を育てる教育として、躍進します。

KAICHI

開智中学・高等学校

中高一貫部（共学）

〒339-0004
さいたま市岩槻区徳力186
TEL 048−795−0777
https://www.kaichigakuen.ed.jp/
東武野田線東岩槻駅（大宮より15分）徒歩15分

■入試問題説明会日程

	日程	時間
入試問題説明会	12/5（土）	14：00〜15：50（入試問題説明）
		16：00〜17：00（教育内容説明）

予約が必要です。

■2021年度 入試日程

	日程		会場		合格発表
先端1	1/10(日)	午前	開智中	さいたま新都心（さいたまスーパーアリーナ）	試験当日（開智中HP、出願専用サイト）
先端特待	1/11(月・祝)	午前	開智中	さいたま新都心（さいたまスーパーアリーナ）	
算数特待	1/11(月・祝)	午後	開智中	大宮（大宮ソニックシティ）	
先端A	1/13(水)	午前	開智中		
先端2	1/14(木)	午前	開智中		

国際バカロレアMYP・DP認定校！

21世紀型教育を実践　開智日本橋学園の魅力

２０１５年４月にスタートした開智日本橋学園は「世界中の人々や文化を理解・尊敬し、平和で豊かな国際社会の実現に貢献できるリーダーの育成」を教育理念に、開智学園で培われた創造型・探究型・発信型の教育を取り入れ、さらに生徒の能動的な学びを深めた21世紀型の教育を行っていく共学校です。

森のF.W.　テーマ
学び合い＋支え合い
＝探究合宿

平和で豊かな国際社会の実現に貢献するリーダーの育成

変化に富んだ現代社会を生きるためには、自分で課題を見つけ、解決し、新しいことを創造する力が必要不可欠です。そのため開智日本橋学園では、生徒自らが学ぶ「探究型の授業」や「フィールドワーク」などを通じて、世界が求める創造力、探究力、発信力を持った人材の育成をめざしています。

また学校生活のいたるところで、自らが判断し、自分の責任で行動することを生徒に求めています。学校行事やその他の自主的な活動等に自分の意志で挑戦することで、成功の感動、喜び、そして失敗の悔しさ、教訓等々を数多く味わってほしいと思っています。それらを積み重ねることで、人として大きく成長し、他者を理解できる心の広い人間に育ってもらえればと願っています。

生徒が主体になって学ぶ「探究型授業」

開智日本橋学園の「探究型の授業」では、まず教師が疑問を投げかけ、生徒が様々な角度から考え、調べ、友だちと議論しあい、解決していきます。教師は、その過程で適切なアドバイスをし、生徒たちの思考がうまく進むようにリードしていきます。生徒自らが学ぶのが、この「探究型の授業」の特徴です。

また「探究型の授業」では論理的、批判的に物事を考える力や、課題を発見したり、問題を解決したりといった能力、さらにはコミュニケーション能力などを効果的に引き出すことができます。生徒自らが学んでいく形で行われる授業であるため、従来型の授業に比べ、生徒の学習意欲は非常に高くなっていきます。

中高一貫の国際バカロレア教育認定校（ＭＹＰ・ＤＰ）

開智日本橋学園は、昨年夏に、国際バカロレアのＭＹＰ・ＤＰの認定を受け、中高一貫の国際バカロレア教育認定校となりました。

この教育の特徴は、知識の習得が目標なのではなく、実社会との結びつきという視点を持ちながら、自ら進んで考え、探究し、表現することで学んでいくというものです。

国際バカロレアの教育プログラムを取り入れることで、開智日本橋学園の教育理念である「生徒が自ら学ぶ探究型の学び」の効果は飛躍的に高められています。国際標準のこのプログラムは、海外大学への進学の可能性を広げるものではありますが、探究ベースの深い学びを実践するという点では、国内難関大学への進学を志す子どもたちにとっても大変効果のあるプログラムといえます。

『受験のためだけの勉強ではなく、生涯をかけて使える本物の学力、そ

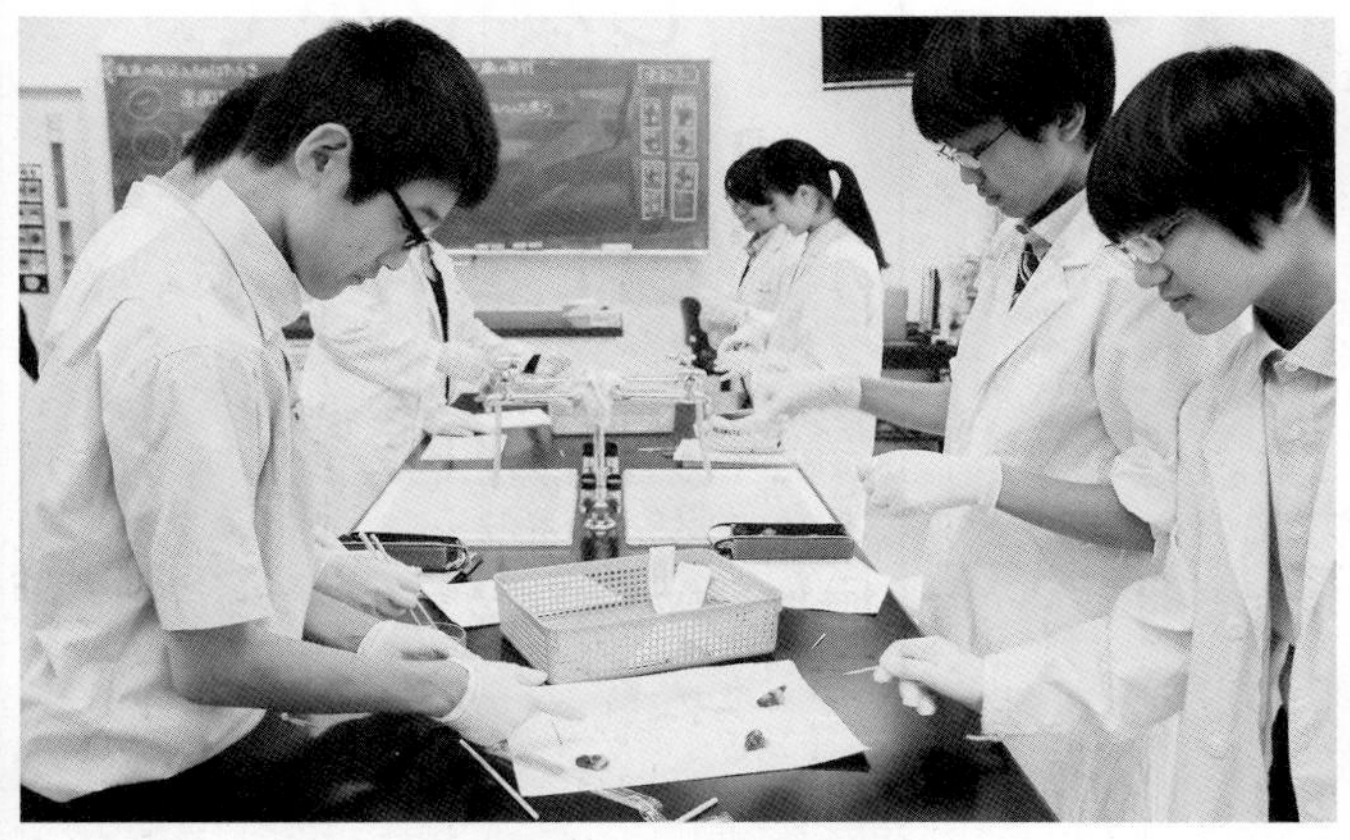

して自ら学び続けるという強い意志を育む』、これが国際バカロレア教育を取り入れた開智日本橋学園の教育目標です。

【入試の特色】算数単科入試でめざせる特待生

『中学校入学まで培ってきた様々な力を、もっとも発揮できる場で見せてもらいたい』という思いから開智日本橋学園では、2科（国語・算数）・4科（国語・算数・理科・社会）はもちろん、公立中高一貫校の適性検査に準じた適性検査入試など、様々な入試を行っています。なかでも特待生を選考する『特待入試』は、合格すれば必ず教育支援金が給付される特待生になることができる入試で、4科入試のみならず算数単科でも受験することができます。

基礎基本を着実に身につけた方、バランス良く4教科を学んできた方、英語力をぜひ生かしたい方、論理的思考力を磨いてきた方など、開智日本橋学園では、様々な個性や自分の得意なことを持った生徒を積極的に迎えることで、多様性豊かで、お互いが世界を広げあうことのできる環境の創造をめざしています。

中高一貫の国際バカロレア教育認定校となった開智日本橋学園。世界に羽ばたく生徒の夢の実現を応援しています。

開智日本橋学園中学・高等学校

＜共学校＞

〒103-8384　東京都中央区日本橋馬喰町２－７－６
TEL　03-3662-2507
https://www.kng.ed.jp
＜アクセス＞
JR総武線・都営浅草線「浅草橋駅」徒歩３分
JR総武快速線「馬喰町駅」徒歩５分
都営新宿線「馬喰横山駅」徒歩７分

《学校説明会日程》

日程	時間
11月14日(土)	10:00～/12:30～
11月21日(土)	10:00～/12:30～
12月　5日(土)	10:00～〈オンライン〉 ※出題傾向説明会
12月19日(土)	実施時間・方法等未定
1月　9日(土)	10:00～

※イベントの最新情報は学校ホームページをご確認ください。

大人も子どもも
本からマナブ

敬語の本質について考える本と、読書の意義を伝える本の2冊を紹介します。

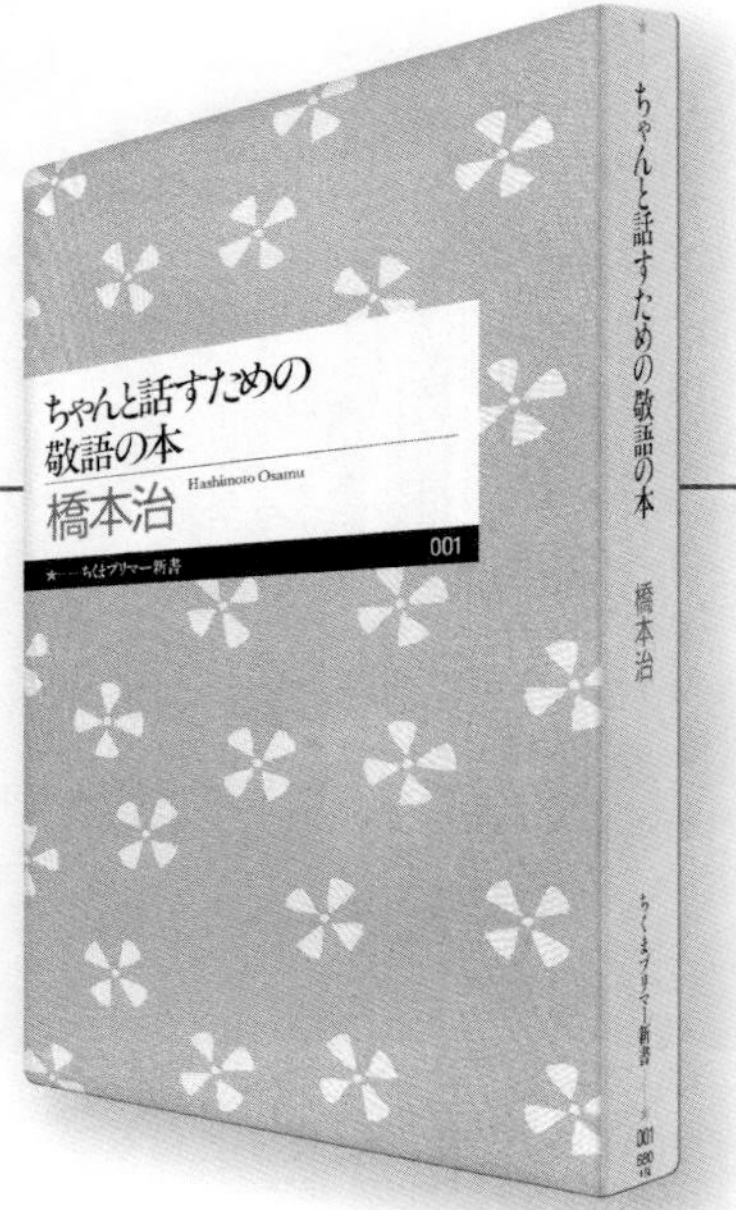

ちゃんと話すための敬語の本

橋本治 著
ちくまプリマー新書
680円＋税

日本語の特徴の１つとしてあげられる「敬語」。国語では重要な学習事項となっており、入試でも出題されることがあります。その敬語について、「いったい敬語ってなんなんだ？」ということを考えるのがこの本です。

敬語には、大きく分けて３つの用法があり、尊敬語、謙譲語、丁寧語に分類されています。筆者は、敬語は「相手と自分とのあいだには距離がある」ことを前提として考えるべきだと説明しており、そこがこの本の特徴です。

尊敬語、謙譲語、丁寧語それぞれの区分などについては、わかりやすい事例を引きながら説明しています。語りかけるように敬語の本質を述べているので、「勉強しなければ」とかまえることなく読んでいけると思います。

筆者は、「敬語について、こうしなければいけない」ということを書いてはいません。世の中には色々な人がいて、自分の考えを相手に伝えるためには、相手との距離を把握したうえで話さなければならず、そのためには敬語をしっかりと知っておくことが必要だと伝えています。

日本語がたどってきた歴史的な背景についても学びながら、豊かな表現を持つ日本語について、改めて考えていくことができる本です。

「敬語」とはどういうものか 正しい知識と使い方を学ぼう

様々な力が身につく 読書の大切さを伝える

大人向け
BOOK COLLECTION 120

筆者は、「いまこそ本を読むべきだ」という言葉で、この本を書き始めています。

現代では、本は読まずとも、インターネット上やSNSで大量の文字を読んでいるという方も多いかもしれません。しかし、この本ではインターネットなどを通じて文字を読むことと、本を読むことには本質的な違いがあり、やはり読書が大切であるということを強調しています。

いつの時代においても、読書はすばらしいものであり、思考力が伸び、想像力が豊かになり、苦しいときも前進する力が得られるものだというのが、著者の主張です。

そんな著者は「１日の読書時間がゼロの大学生が過半数を超えた」という調査データを目にして、衝撃を受けたといいます。

知的で教養ある人生を送るために読書は欠くことができないというのが著者の考えです。

読書の意義や、本をどのように読むべきかということも書かれていますが、加えて、随所でおすすめの本が紹介されています。

「思考力を高める名著」「現代に必要な知識が持てる名著」「人生の機微に触れる名著」など、テーマを設定して推薦書を紹介しています。古典的な名著ばかりではなく、近年に刊行された本も含まれており、なぜその本をすすめるのかについて簡潔に説明されています。

幅広いジャンルのなかから選ばれているので、そのなかから、お子さんに読んでほしいと思える本を見つけられるのではないでしょうか。

読書する人だけがたどり着ける場所
齋藤孝 著
SB新書
800円＋税

中学1年生から

世界のリーダーをめざして 多彩な国際教育を展開

春日部共栄（かすかべきょうえい）中学校

教育理念「この国で、世界のリーダーを育てたい」を掲げ、最高レベルの学力はもとより、これからの世界のトップに立って活躍しうる目的意識と、素養と、対案力と、そしてなによりも人間力を兼ね備えた新しいタイプのリーダーの養成をめざす春日部共栄中学校・高等学校。今年卒業の第12期生（127名）からは、東大をはじめとする最難関大学や医学部医学科へ多数の現役合格者を出しました。そんな春日部共栄では、オンライン英会話を導入する等、中学１年次より様々な国際教育を展開しています。

２０１４年度より グローバルエリートクラス新設

優秀な大学進学実績を残す春日部共栄高等学校のもとに開校した、春日部共栄中学校。早いもので、今春、第12期生１２７名が高校を卒業しました。

一昨年の卒業生は医学部に7名、東大や一橋大など、国公立大に多数合格。まさに、春日部共栄の中高一貫教育の優秀さが実証された結果といえるでしょう。

そんな春日部共栄中学校では、これからの世界を導くリーダーの育成を目標とするグローバルエリート（GE）クラスを設置。新しい時代に求められる中高一貫教育を追求します。

同校の学習指導は、ムダを省き、有機的に再構築した独自のカリキュラムによって進められ、高3次を大学受験準備にあてることを可能にしています。

また、今年度から導入される大学入学共通テストに対応した指導を展開するとともに、海外名門大への進学に対応しているのも、春日部共栄らしさの表れです。

充実のカリキュラムで 国際標準の英語力を

「世界のリーダー」をめざすには、しっかりした英語力が不可欠です。毎朝授業前の朝学習では、リスニング力を養います。さらに、単語速習から暗唱コンテスト、スピーチコンテスト、英文法、英作文指導、オンライン英会話と発展的に実

力を磨きます。

また、海外の大学進学も視野に入れ、受験英語の読解力や文法知識の理解と習得、さらには英語を使いこなせるようプレゼンテーション能力に磨きをかけています。

そのほか海外の書物を多読することで英語圏の文化的背景までを身につけます。高度な留学英語検定にも挑戦、海外の大学でも通用する英語力を培います。

中学1年次から英語漬けになれるプログラムがたくさん

世界のリーダーをめざす国際学習の機会は、こうした授業以外にもたくさん用意されています。

中1では夏休みに3日間のグローバルイングリッシュプログラムがあります。様々なバックグラウンドを持つ外国人講師のもとで、生徒は10人程度のグループに分かれ、英語を話す、書く、といったアウトプットを繰り返します。中2では、より実践的に学ぶプログラムとしてTOKYO GLOBAL GATEWAYを訪問し、飛行機での機内食の注文など、様々なシチュエーションを英語で疑似体験します。

中3次には春日部共栄独自のプログラムK―SEP（Kyoei Summer English Program）があります。英語圏の大学生を10人程度招き、彼らを先生として多様なプログラムをこなしていきます。ここでも生徒たちはグループに分かれて各先生につき、最終日の英語によるプレゼンテーションを目標に、協力しあいながら異文化理解に努めます。

そして、中3の夏休みにはバンクーバー語学研修が行われます。

現地での生活をエンジョイしながら英語力の習得、向上に邁進（まいしん）します。カナダは多民族国家でもあり、英語の勉強だけではなく、異文化理解にも最適な国です。

こうした体験型の国際教育は高校にもつながっています。高1・高2ではアメリカのボストンやオーストラリアにある大学で他国から来た同年代の生徒と英語力やコミュニケーション力を高めあうことができるグローバル人材育成プログラムがあり、高2の修学旅行では1週間にわたってオーストラリアのゴールドコーストを訪れます。これまで磨いてきた英語力を存分に試す機会があるのです。

このように、日ごろの学習と春日部共栄でしか経験できない体験型プログラムを通して、将来世界で活躍できるリーダーを育てている春日部共栄中学校です。

＼ School Data. ／

春日部共栄中学校
【共学校】

埼玉県春日部市上大増新田213
東武スカイツリーライン・アーバンパークライン「春日部駅」バス10分

生徒数　男子188名 女子164名

☎ 048-737-7611

いよいよ明らかになってきた
コロナ禍で行われる入試の実際

ここまでの模試データでは中位校志望者が増えている

中学入試の情勢は、本稿執筆時点では中位校（四谷大塚偏差値で50台と40台程度）が大きく志望者数を伸ばしています。逆に難関（偏差値60台）といわれる学校はむしろ志望者数を減らしています。例えば開成、筑波大駒場などは前年の80％台となっており、それは共学校の渋谷教育学園渋谷なども同じです。女子校の頌栄学園女子も80％台ですし、なにより有名大学附属校も80％台が多くなっています。

難度の高い私立中学の志望者数が少なくなる一方、中堅中位校の志望者数（例えば桐光学園、清泉女学院、国学院大久我山、本郷、巣鴨、共立女子など）が伸びています。もっとも、これは夏までの志望状況ですから、力をつけた受験生が多く参加する秋口からの模試では様相が違ってくるはずです。

ただこの志望状況をみて考えておかなくてはならないことは、近年では最大だった昨年の受験者数を確保できる規模になるかどうか、全体の状況をおさえなくてはいけません。

幸い模試の参加者数は、昨年と同じか微増だ、とわかっています。ただしこれは模試のうちの3模試といわれる模試についてです。残る1つの模試はコロナ対応で会場模試ではなかったため参加者は前年比7割弱でした。

つまりその残る1つの模試が十分な形（つまり会場模試）として実行されていたならば比較できるのですが、在宅受験でしたから正確な前年比とはいえません。その模試以外の3模試傾向で判断を可とするのは、いわゆる中堅以上の上位校の受験状況ですが、こちらは前年並みの受験者数がいます。

冒頭で述べた「難関校の志望者減、中堅中位校の志望者増」は、最後までそのまま推移するかはわかりませんが、少なくとも前半戦の志望状況と考えてよいことになります。

前半戦での志望は、通例、高めの志望校を書くはずでした。それが偏差値高めの志望校が減少気味で、ボリュームゾーンの志望者数が多くなるのは、例年と様子が違い、ずいぶん志望が控えめだ、ということです。

その理由はなにか。やはりコロナ禍で学力が思うように伸びないことが志望状況に反映していると考えられます。

そしてコロナ禍がこのような変化を促しているとすれば、後半戦で学力の伸びが追いつき難度の高い学校も志望者、倍率が増える展開も考えられます。

ですから例年のような高めの志望が

森上展安の中学受験WATCHING

もりがみ・のぶやす　森上教育研究所所長。
受験をキーワードに幅広く教育問題を扱う。
保護者と受験のかかわりをサポートすべく「親のスキル研究会」主宰。

次第に本番に向けて冷めて、より難しくない志望に変化するというシナリオではない形も今回に限っては考えられます。つまり志望校の狙いが右肩上がりに上昇するシナリオです。

それもこれもコロナ対応の入試だからですが、公立高校入試や大学入試と同様に出題範囲を狭めて受験生の学習遅れに配慮する、という私立中学校もいくつかはあります。ただ難関校・伝統校あたりではこれまでのところそうしたアナウンスはありません。そこは従来通り、と考えておきましょう。

先ほどの全体状況でつけ加えますと、2020年春の入試では千葉、埼玉の受験者数が大きく伸びていました。

昨年の小6生から、公立小6生人口が減少しているにもかかわらず、受験者数が上昇していたのですから大きな質的変化でした。

志望者が増え、千葉はどの難関・上位・中堅校も3倍程度の厳しい倍率でした。

千葉の今夏までの模試では、中堅校の昭和学院秀英などは前年増の勢いとなる一方、いわゆる千葉の難関御三家は減少基調であり、前述した東京の志望動向と似た状況になっています。

昨年の埼玉は、多くの中学が1倍台でした。今夏までの模試では、埼玉も東京、千葉と同じで、大宮開成のような中堅中位校はさらに伸び、栄東（ただし男子）や開智などの上位校は減少しています。注目の青山学院大系属浦和ルーテルも今春に引き続き志望者増の状況です。

千葉、埼玉の公立小6生は来年度も前年減ですから、これにコロナの影響が加わると減少基調でしょう。

これも前記したような模試事情なので、データが十分とはいえませんが、それでも難関・上位校の受験志望者については9月までの模試を受けなかったとは考えにくいため、千葉、埼玉についても難関・上位校の入試状況に限定すればここでも減少基調はやはり確かなことと思えます。

ありえるオンライン入試 追試の情報も収集したい

来年の入試事情として新型コロナウイルス感染とインフルエンザ感染のツインデミック（というそうです）襲来を想定して、不正が考えにくい面接主体の入試についてオンライン入試を考えている学校がいくつかあります。

一般入試でも在宅ではなく「会場オンライン入試」を青稜などが公表しています。青稜は東京国際フォーラムでタブレットを支給し、受験生間の距離をとりながら実施すると公表、かなり注目されています。在宅ではありませんから不正は防止されます。

会場オンライン入試が準備されていれば発症が疑わしいとき、在宅オンライン入試にすぐ切り替えることができるので機動的です。不正チェックが難しいため、在宅オンラインの成績評価は、各学校の対応となるでしょうが。

北鎌倉女子学園は先進コースの一部（定員10名程度）で在宅オンライン入試をＺｏｏｍで実施します。事前に送った課題での英語プレゼン入試と、事前に受験生が返送したエッセイについて聞き取るエッセイ入試の2種です。受験生側は多く設定された「何日・何時から」を選ぶことができます。

今回の入試ではツインデミックに関しての追試も注目です。体調不良の際、日を改めて追試をする、としている学校があります。ただ追試の受験者数が多くなると様々な学校で繰り上げ合格者が増えてドミノ現象を誘いかねないため、受験生にとってはありがたいものの、学校間で互いに影響が出るため限定的な実施となるかもしれません。

なお、面接や口頭試問などについては直接学校に問い合わせ、万一の場合の在宅受験の可能性について研究をしておくべきと思います。

さて入試まで残された日は少なくなりましたが、オンライン授業を受けることに習熟することは武器になります。

もちろん、入試でオンラインとなれば即戦力となりますが、その前に入試準備としても塾などの個別指導を在宅オンラインで受講できるのは大きなメリットです。

1つは時間コストの大幅な削減、もう1つは個別にピンポイントで指導が受けられること。これまでになかった利便性といえ、この環境があれば、追い込み期には大変な力になります。

残り100日ともなれば「わからないこと」を「わからないまま」にしておくことが一番のストレスです。なるべく早く最も腑に落ちる考え方で理解し「わかっておく」ことが大切です。

その武器がオンラインで容易に可能になれば、まさに革命的です。これはご家庭で親子で学んでもよいことです。

それに加えて親は情報収集を万全にしておきたいですね。情報収集の一番は11月ごろにある入試説明会です。そこでは、どのような学習をして入試に臨むべきかが語られます。

そこでの情報は必ず役に立ちます。追い込みに活かして、Ｚｏｏｍなどリモートを武器に得点力をしっかりアップしましょう。

東京成徳大学中学校

Apple社にも認められた充実のICT教育を実践

中3全員がニュージーランドに留学するという特色を持つ東京成徳大学中学校は、ICT教育にも定評があります。今回はそんなICT教育についてご紹介します。

「徳を成す」ための「人間教育」を重視

２０２５年に創立１００周年を迎える東京成徳大学中学校（以下、東京成徳大中）は、「教育の要は徳育である」という考えのもと、「徳を成す人間の育成」を建学の精神として設立された学校です。現在は、「徳を成す」すなわち「成徳」の精神をグローバル社会のなかで発揮することのできる、そんな「グローバル人材」の育成をめざしています。

「本校では、学校は機械的に机に向かい、知識を得るためだけの場ではなく、教員と生徒、生徒と生徒がかかわりあい、互いに心を通わせながら成長していく場であると考えています。ですから、部活動や行事、『自分深め』という道徳の授業、全員が体験するニュージーランド留学など、机に向かう勉強以外の活動も大切にしています。

それらが『人間教育』として、『徳を成す』人材育成へとつながっていくのです。生徒たちも楽しみながら様々な活動に取り組んでいて、いきいきと過ごしています」と話す我妻利真教頭先生。実際に保護者からも「面倒見がいい」「教員と生徒がフレンドリーで温かな雰囲気がある」という声が届いているそうです。

そんな東京成徳大中の特徴の１つが、ＩＣＴ教育に注力していることで、全員がｉＰａｄを所有しています。そして、それを一方通行型の授業から双方向型の授業へと「学びのあり方」が変化してきている現代において、より効率的に、より主体的に、より幅広い学びを実現するためのツールとして活用しています。

iPadを活用して多様な力を伸ばす

そうした様子が評価され、２０１８年度からは、Ａｐｐｌｅ社がｉＰａｄの活用による教育効果の高さを認定する学校（Apple Distinguished School）に選ばれています。認定を受けているのは、世界34カ国４７０校で、国内は10校のみ、そのうちの1校が東京成徳大中です。

左上にあげた授業をはじめ、ｉＰａｄを様々な場面で活用していることについて、英語科・国際交流部長の茂原輝光先生は、「ｉＰａｄはパワーポイントでプレゼンテーションを行う際にも使用しています。

本当に伝えたいことをきちんと伝えるには画面が文字ばかりになるのもよくないので、重要な情報を取捨選択する力や、要約する力が身につきます。それに、デザインに関する知識を教えると画面の配色などにも

各授業では、当たり前のようにiPadを活用しています

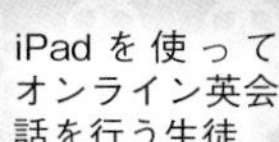

iPadを使ってオンライン英会話を行う生徒

＼iPadを使った特色ある授業／

元寇SNS

まず1人ひとりが、日本の農民や、攻め入る“元”側の武将など、元寇開始から終了までのどこかの段階のだれかになりきります。そしてその人物がつぶやきそうな言葉を、iPad上の架空のSNSに発信、全員の言葉が出そろったところで時系列に並び替えると、立場や状況を理解しながら歴史の流れを自然に学ぶことができるという歴史の授業を行いました。

偉人チラシ作り

各自がピックアップした歴史上の人物を英語で紹介するチラシをiPadで作成します。その際、チラシは立ち止まって見てもらうものであることから、どんなデザインなら目を引くかも考えます。さらにその人物があげた功績を現代のSDGs（持続可能な開発目標）に照らしあわせ、合致する項目があればSGDsマークをつけるという幅広い要素を詰め込んだ授業です。

ほかにも、相似分野を学ぶ際にiPadを使って教科書や黒板など、身の回りのものを撮影し、相似なものがないかを探す数学の授業。日本語と英語はなぜ語順が違うのか（例：「私は“ペン”を持っています。」「I have a “pen”.」）をiPadを使って調べ、結果をプレゼンテーションする国語と英語のコラボ授業など、教科にかかわらず、ユニークな授業が多数実施されています。

こだわるようになるので、芸術的センスも磨かれます。iPadの活用によって、生徒の多様な力が伸びていると感じます。

その姿を見て、教員が指示しすぎると生徒の伸びしろを狭めてしまうと思いましたし、実際にこちらの想像を超えて新しい使い方をどんどん発見しています。ですから、もちろん安全性を考慮してある程度の制限はしつつも『先生にも新しい使い方を教えてね』と、基本的に生徒が自由にiPadを使える雰囲気を作っています」と説明されます。

また、コロナ禍での休校中も、iPadを用いて工夫を凝らしたオンライン授業を行っていたなかで、茂原先生がとくに印象に残ったのは、社会人・卒業生に色々な話をしてもらう、オンラインだからこそできた授業だったといいます。

「生徒が普段接することのないような方々に毎週1人ずつ登場してもらい、休校中の2カ月で10数人の話を聞きました。その授業を担当していた教員が、『インターネットは〝どこでもドア〟。今回は日本語で話を聞いたけれど、これが英語で聞けるようになれば〝どこでもドア〟で世界中の話が聞ける』と生徒に話していたのが心に残っています。

その話を聞いて、世界を広げるためのツールとして英語とICTの活用が重要であることを改めて実感し、いままで以上にこれらの教育に力を入れていきたいと思いました。それは普段の対面授業では気づけなかったことかもしれないので、たとえ教科書の学習があまり進まなくても、こんなときにしかできない学びもあると、ポジティブにオンライン授業に取り組んでいました」

来年度からは、ニュージーランド留学の期間がこれまでの3カ月に加えて、1カ月も選択できるようになり、女子の制服がスラックスかスカートかを選べるようになるなど、色々な改革を進める東京成徳大中。

「まずは本校に来て、教員や生徒の様子を目で見て確かめてほしいです。来ていただければ、本校の魅力をおわかりいただけると思います」と我妻教頭先生が語るように、100周年を控え、活気に満ちあふれている学校です。

School information【共学校】

Address：東京都北区豊島8-26-9
TEL：03-3911-7109
Access：地下鉄南北線「王子神谷駅」徒歩5分、JR京浜東北線「東十条駅」徒歩15分
URL：https://www.tokyoseitoku.jp/js/

学校説明会

11月22日(日)10：00～11：10
(体験学習同時開催)
12月13日(日)10：00～11：30
1月 9日(土)14：00～15：30
1月24日(日)10：00～11：10

特色ある2つのコース

「自律と共生」を教育理念に誕生する広尾学園小石川中学校・高等学校（以下、広尾学園小石川）。

前号でもお伝えした通り、広尾学園小石川には、「本科」と「インターナショナル」の２つのコースが設置されます。

「本科」は、幅広く学ぶことで様々な知識や教養を身につけていくコース。その学びのなかで将来進みたい方向が決まっていない生徒も、自分の強み、そして夢を見つけることができます。中１からキャリア教育が実施されるのも大きな魅力です。

松尾廣茂校長先生は「発信力の育成にも力を入れます。いまは異なる文化を持つ方々とも積極的に交流し、ともに歩んでいく時代です。相手に自分のことを伝える力が必要になりますから、各教科でプレゼンテーションに取り組む機会を豊富に設けます。あわせて相手の気持ちを理解する力も育てていきます」と話されます。

一方、「インターナショナル」は高い英語力を身につけられるコースです。帰国生などが所属するアドバン

2021年4月
新たな歴史が始まる

2021年4月、村田女子高等学校が生まれ変わり
広尾学園小石川中学校・高等学校として
新しい歴史をスタートさせます。
めざすのは、港区にある広尾学園中学校・高等学校と
同等・同質の教育です。
前号「サクセス12　2020年9・10月号」に引き続き、
その魅力をお伝えします。

共学校

広尾学園小石川中学校・高等学校
（ひろおがくえんこいしかわ）

ストグループ（AG）と日本で育った生徒が在籍するスタンダードグループ（SG）で構成されます。

「AGとSGは、授業の多くは別編成ですが、ホームルームクラスは合同です。担任は日本人と外国人の教員2名で、朝礼や終礼は英語で行います。SGの生徒は、最初のころは不安かもしれません。しかし、AGの生徒が助けてくれるでしょうし、1学期が終わるころには英語力も伸び、自分の力で聞き取ることができるようになると思います」（松尾校長先生）

募集はコースごとに行われますが、高2進学時にコース間の異動が可能です。1学年120名のうち「インターナショナル」が80名と多いため、「本科」の生徒も影響を受け、なかには海外大学を狙うような生徒も出てくることが予想されます。

どの生徒も「学びたい」気持ちを持っている

授業に向けた思いを松尾校長先生に伺うと「教職員たちにつねに話していることがあります。それは、生徒たちをどんどんほめて、1人ひとりの強みを保護者とともに発見し、自信を持たせていこうということで

す。そのきっかけ作りの1つが授業です。

例えば、生徒たちが家に帰ると、夕飯を作っている母親のそばに行き、興奮がさめやらずに延々と今日受けた授業の話をする。そんなふうに、楽しく学び、理解したことをだれかに伝えずにはいられない気持ちを持てるような授業を行っていきたいと思います。進路選択へも影響を与えるほどの魅力ある授業を生徒たちは待っています。その期待に応えるのが教員の腕の見せどころです」と話されます。

このような熱い思いを持って行われる授業に加え、教育理念「自律と共生」に基づき、クラスメイトと力を合わせて課題に取り組むスコレー合宿（中1）、1人1台の情報機器を活用したICT教育などが新入生を待っています。

学校生活を通じて海外の文化に触れられる

現在、村田女子が行っている国際交流プログラムも特色を活かして継続されます。

その1つが、近隣にあるアジア文化会館で行われる、アジア各国の人々との文化交流です。村田女子生のなかには、この交流を通じてベトナム語に興味を持ち、独自に勉強を始めた生徒もいるそうです。

そして、オーストラリア・タスマニア州政府との共同プログラムもあります。基本的に1人1家庭でホームステイをし、様々なサポートをしてくれるバディとともに、現地の学校の授業にも参加します。高1・高2が対象ですが、中学生の参加も検討されています。

これらのプログラムに加え、AGの生徒がいることで、日常的に海外の文化に触れられる広尾学園小石川。語学力だけでなく、世界をめざせる広い視野や豊かな感性を身につけられることでしょう。

「教職員との距離も近く、アットホームな雰囲気を大切にしたいと思います。教職員が生徒1人ひとりの顔を思い描ける、コース間、グループ間の垣根が低く互いに刺激しあえる、そんな学校にしたいです。

入学前に、0学期として、外国人の教員と学校周辺を散策するなど、入学が楽しみになるようなプログラムを設けることも考えています。

夢を見つけたい、かなえたいという生徒さんを、お待ちしています」（松尾校長先生）

広尾学園が行う「米国大学ツアー」。広尾学園小石川の生徒も参加予定です。

「本物との出会い」をテーマとするキャリア教育プログラム。

各教科で高い専門性を持つ外国人教員が授業を実施。生徒の興味、関心を刺激します。

充実したICT環境により、従来の学校の枠組みをはるかに超えた教育活動を可能にします。

School Information 〈共学校〉

所在地：東京都文京区本駒込2-29-1
アクセス：都営三田線「千石駅」徒歩2分、地下鉄南北線「駒込駅」徒歩12分、JR山手線「駒込駅」徒歩13分
TEL：03-5940-4187　**URL**：https://hiroo-koishikawa.ed.jp/

●入試傾向説明会 要予約
11月 7日(土)　12月20日(日)
両日とも 9：30～10：30
14：30～15：30

●学校説明会 要予約
11月 7日(土)　12月20日(日)
両日とも10：30～11：30
15：30～16：30
1月16日(土) 時間未定

●AGガイダンス
11月 7日(土)　11月22日(日)
両日とも10：00～/13：00～
11月28日(土)　14：00～

NEWS 2020

＼入試によく出る時事ワード／

国連創設75年

国際連合（United Nations＝国連）は今年、創設75年を迎えました。国連はこの間、国際平和・安全の維持を目的として、紛争や貧困、気候変動など地球規模の問題について、その解決に取り組んできました。

それ以前には国際連盟（1920～1946年）という組織がありました。しかし、国際連盟では第２次世界大戦（1939～1945年）の勃発を防げなかったのです。その反省をふまえ、その資産と役割は、1945年10月に51カ国の加盟国で設立された国連に引き継がれました。

日本は1956年12月18日、80番目の加盟国として承認されています。

近年では2011年に南スーダンが加盟し、現在の加盟国数は193カ国です。

国連の目的は、国連憲章第１条で、４項目が定められています（以下は要約）。

①全世界の平和を守ること　②各国間の友好関係を発展させること　③貧しい人々の生活を向上させ、飢えと病気と非識字を克服し、互いの権利と自由の尊重を促進するために共同で努力すること　④各国がこれらの目的を達成できるように助けるために、中心的役割を果たすこと

この条文から始まる、国連の活動を方向づける国連憲章は、各加盟国の権利と義務、そして加盟国が自ら設定した目標を達成するためになにをすべきかを説明しており、一連の指針となっています。

ある国が国連に加盟するということは、国連憲章の目的と原則を受け入れるということでもあります。

国連の活動は、世界のほとんどすべての国において、次の６つの主要機関を通じて行われています。

【国連の６つの主要機関＝別表参照】１．総会、２．安全保障理事会、３．経済社会理事会、４．信託統治理事会、５．国際司法裁判所、６．事務局。

これらの機関はアメリカ・ニューヨークの国連本部にありますが、国際司法裁判所だけはオランダのハーグにあります。そのほかに国連に関連する機関として15の専門機関があります。これらの機関を総称して「国連システム」と呼びます。

国連システムは人権尊重の促進、貧困の削減、疾病への対策、環境の保護に努めています。また、薬物の不正取引やテロの対策に取り組む国際的キャンペーンも、先頭に立って推し進めています。

地球規模の課題を解決するには、国際協調の枠組みが必要です。国同士の争いを避け、不足を補いあうことで長期的な安定を得ることができるのです。国連がこうした活動を行う場合、すべての加盟国には、その国の大小や貧富、政治的意見や社会制度の違いに関係なく、平等な発言権と投票権があります。国際問題の取り組みにあたっては、国連は、全世界的な相互依存関係と国益とのバランスを取る機会を各国に与えています。

国連の主要６機関

総　　会	全加盟国で構成され、国連の活動範囲全ての事項について討議・勧告を行う
安全保障理事会	５カ国の常任理事国と10カ国の非常任理事国で構成され、国際平和と安全の維持に必要な責任を負う
経済社会理事会	経済的、社会的事項や人権について討議・勧告を行う
信託統治理事会	信託統治地域パラオが1994年10月に独立したのを機に、任務は実質的に終了
国際司法裁判所	加盟国の紛争解決のほか、国連機関からの要請に応じて法律問題について勧告的意見を与える
事務局	事務総長をトップに、国連機関が決定した政策や活動を管理・実施する

※上記のほかに、保健、農業、教育など15の専門機関や計画・基金がある

このような取り組みによって、これまでは第３次大戦は食い止められてきました。

しかし今年、世界的な蔓延を見せた新型コロナウイルス感染症に対する動きなど、近年、国連を舞台とした各国の対応は、一国主義からの利害のぶつけあいが見られるなど世界的な危機が顕著になっています。いままさに国連の舵取りに期待がかけられているといっていいでしょう。

なお、国連では英語、フランス語、中国語、ロシア語、スペイン語、アラビア語の６カ国語が公用語となっており、各国代表はどの公用語でも発言でき、発言内容はそのほか５つの公用語に同時通訳されます。

入試問題ならこう出題される

基本問題

国際連合、いわゆる国連は、第［①　　］次世界大戦が終結した［②　　］年に創設され、今年で創設［③　　］年を迎えました。

創設時、国連は、［④　　］カ国の加盟国で設立されましたが、現在は［⑤　　］カ国が加盟しています。

日本は［⑥　　］年に加盟しました。

国連の最も大きなテーマは［⑦　　］です。これは第［①　　］次世界大戦の勃発を阻止できなかった国際連盟の反省から設立されたという経緯からも明らかです。

国連には［⑧　　］つの主要機関と［⑨　　］の専門機関があります。これらをまとめて［⑩　　］と呼んでいます。

発展問題

①国連が取り組んでいるテーマにはどんなものがありますか。3つあげなさい。

②国連の組織としての課題はなんだと思いますか。あなたの考えを150字以内で記しなさい。

基本問題　解答

①2　②1945　③75　④51　⑤193　⑥1956　⑦国際平和　または　世界平和　または　平和　⑧6　⑨15　⑩国連システム

発展問題①（解答例）

世界平和、各国間の友好関係の発展、貧困の克服、飢えと病気の克服、非識字の克服　などのうち3つ

発展問題②（解答例）

世界各地で起こっている紛争、また貧困問題、新型コロナウイルス感染症、気候変動の解決などが課題としてあげられる。そして近年、国連加盟国のなかにも自国が大事という一国主義に走る国があり、これら互いに対立を深めている国によって、世界的な危機が顕著となっているので、早急に解決することが求められる。(145字)

School Selection

4技能をバランスよく育てる「トシコー」の英語教育

東京都市大学付属(とうきょうとしだいがくふぞく)中学校

School Information〈男子校〉

- Address：東京都世田谷区成城 1-13-1
- TEL：03-3415-0104
- Access：小田急線「成城学園前駅」徒歩 10 分
- URL：https://www.tcu-jsh.ed.jp/

「トシコー」の愛称で知られる東京都市大学付属中学校は、世界に羽ばたける人材を育てるために、様々な英語教育のカリキュラムを用意しています。

グローバル教育を大きな教育の柱の1つに据えている東京都市大学付属中学校(以下、東京都市大付属)は、帰国生入試の人気も高く、多い学年では50人ほどの帰国生が、一般の生徒と同じクラスで学んでいるのが大きな特徴です。

そんな東京都市大付属は、中学生の間は、英語の授業として週4時間のリーディング、2時間のグラマー、そして英語での会話・コミュニケーションを学ぶ1時間の英語Cという3種類が用意されています。

英語科主任の大木昌俊先生は「それぞれが独立しているのではなく、連動して学べるように体系化されているのが本校の英語授業の強みです。中3から毎年ある研修旅行などの海外行事とその3つがかかわりあい、難関大学の入試にも通用し、また社会に出ても役立つような英語力がついていきます」と話されます。

なかでも英語Cの授業は、クラスを2分割したうえで、ネイティブスピーカーの教員と日本人教員の2人で指導していくため、きめ細かくフォローができます。

また、ただ会話をするだけではなく、レポートを書いたり、学年が上がれば4人1組でテーマに基づいたパワーポイントの資料を作ったうえでクラスで発表するなど、英語を使って読み・書き・聞き・話すことを行います。東京都市大付属ではほかの授業でもレポート作成や発表が重視されていますが、それは英語でも変わりません。

そして、今年からは英語を使ったコミュニケーション能力をさらに高めるために、中3の英語Cにおいて、

英語Cではネイティブ教員と日本人教員のティームティーチングで授業が行われる

外部業者を使ったオンライン英会話のプログラムがスタートしました。

このオンライン英会話の特徴は、生徒それぞれの英語力に合わせた、様々なシチュエーション、レベルの授業を毎回受けることができる点にあります。

「生徒が授業前に自分でレベルやシチュエーションを選び、それに応じて講師と会話をすることができます。本校が力を入れている英検対策もできます。例えば帰国生で、中3で英検1級を受験しようというような生徒もいて、彼らの場合は英検1級の試験で必要となる内容の授業をしてもらっています」と大木先生は説明されます。

本来は今年度初頭の4月から開始予定でしたが、新型コロナウイルス感染症の影響などもあり、6月末からのスタートに。年間10～11回予定されており、すでに各クラスで数回実施されています。

その様子について、大木先生は「最初の方はどうしても緊張してしまう生徒もみられましたが、楽しんで取り組んでくれている生徒が多いように感じられます」と話し、そのメリットについて以下のように説明されます。

「本校で実施しているオンライン英会話のメリットは、先ほど説明したようにレベルが同じではなく、色々な形を選べるというところが1つ。そして、普通の英語の授業は少人数に分けても、どうしても一律の授業になってしまいますが、これは対面で1対1ですので、自分のレベルに合わせつつ、きめ細かくできるというところの2つです」

【表1】2019年度中学生の英検取得率

	中1	中2	中3
1級	0.4%	0%	0.9%
準1級	6.6%	7.4%	8.2%
2級	13.9%	11.3%	36.1%
準2級	19.0%	27.2%	80.7%
3級	39.6%	85.2%	97.5%

オンライン英会話の様子

英検対策も万全の バックアップ体制で後押し

英検対策に力を入れているのも、東京都市大付属の英語教育における重要なポイントの1つです。オンライン英会話だけでなく、1次試験の対策を級ごとに、放課後の補習で行っています。2次試験は学年の英語科教員が中心になって、1次試験合格者を把握したうえで対策しています。英検用のオンライン教材の使用や、インタビューのテストも行う手厚さです。

「学年ごとに英検の級の取得の設定があります。例えば中3が終わるまでに全員が準2級以上に合格する、といった形です。ネイティブ教員がいることで、1級や準1級の試験に対してもしっかりと指導できるということと、帰国生が多いことで周りの生徒が影響を受けるという2つが大きいと思います。昨年度で、中3の8割が準2級以上を取得するという結果にもそれが表れています【表1】」（大木先生）

なぜ英検に力をいれているのかについても、大木先生は次のように説明されます。

「英語は技能教科で、技能である限り磨き続ける必要があります。その過程で、大学入試もそうかもしれませんが、こうした検定に受かることは生徒にとって目標達成や自己肯定につながります。また、もちろん大学入試でも準1級を持っていれば優遇措置が受けられたり、民間試験導入が実施された際には英検が採用される可能性が高いといったことも理由の1つです」

その結果として、「英検は中学生もすごく身近に感じていて、受けるのが当たり前、という雰囲気」（広報部主任の菊野暁先生）があります。

「FLYING TO THE WORLD」と掲げる通り、世界に羽ばたく人材を育てるに足る英語教育を行っている東京都市大付属です。

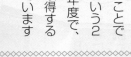

- ●入試説明会・過去問チャレンジ〈要予約〉
  11月22日(日)10：00～12：30
- ●「授業見学ができる」
  土曜ミニ説明会〈要予約〉
  1月16日(土)10：00～11：30
- ●「授業見学ができる」
  水曜ミニ説明会〈要予約〉
  10月28日(水)【WEB開催】
  10：00～11：30
  11月18日(水)10：00～11：30
  12月 2日(水)10：00～11：30

ジュクゴンザウルスに挑戦！

熟語パズル

「熟語のことならなんでも知っているぞ」っていう
ジュクゴンザウルスが「このパズル解けるかな」っていばっているぞ。
さあ、みんなで挑戦してみよう。

【問題】Aブロックには「一」が2つ入る四字熟語が7つ、Bブロックにも「自」が2つ入る四字熟語が7つ隠れています。左ページのヒントを参考にして、すべて見つけ出しましょう。ただし、右から左、下から上に、また、ナナメに読むこともあります。線で消していくとわかりやすいでしょう。なお、中央の漢字「答」は、AブロックでもBブロックでも読まれます。

Aブロックの「一」が2つ入る四字熟語は「9・10月号」でも勉強したよ。覚えているかな。

A

一	朝	一	夕
日	木	城	飯
一	長	一	短
善	宿	国	草
一	問	一	答

B

答	自	問	自
得	足	由	画
演	自	作	自
在	給	業	賛
縛	自	縄	自

答えは96ページ

【Aブロックのヒント】

①非常に短い時間のたとえ

②長所もあれば短所もあること

③一つの質問に対して、一つの答えをすること

④一つの国と一つの城
□□□□の主（あるじ）

⑤一日に一つだけでもいい行いをすること

⑥ほんのわずかな草木
□□□□生えていない。

⑦一夜の宿と一回の食事を与えられること。通りがかりに立ち寄って世話になること

【Bブロックのヒント】

①自分で問いかけ、自分で答えること

②自分が作った台本で自分自身が演じること。自分の利益のために作り事を仕組むこともいう
□□□□の詐欺師

③自分の言動が自分を縛ってしまい自由に振る舞えずに苦しむこと

④自分で自分のことをほめること

⑤必要とするものをほかから求めないで、すべて自分でまかない足りるようにすること

⑥自分の思うままにできるさま
彼はパソコンを□□□□に操る

⑦自分の行いの報いを自分が受けること

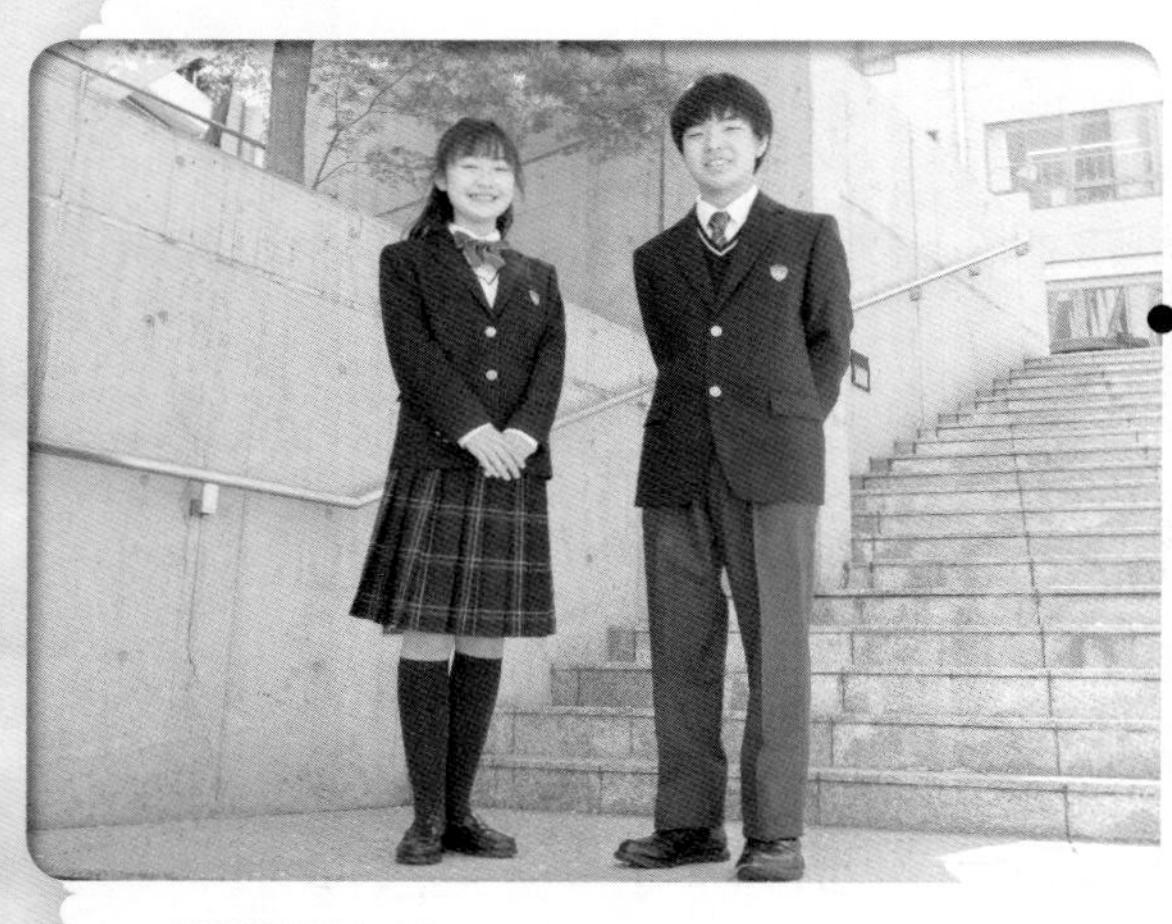

駒込中学校【共学校】

KOMAGOME JUNIOR HIGH SCHOOL

時代の先進校！ 駒込中学校 今年度も続く『本気の教育改革』

―6ヵ年中高一貫の長所をいかすコース制度―

目的の異なる3回の『適性検査型入試』

昨年度と同様に、『適性検査型入試』は2月1日午前と午後、2月2日午前の3回実施します。科目内容としましては、2月1日午前に「適性Ⅰ・Ⅱ・Ⅲ」として都立最難関中高一貫校に準拠した問題、2月1日午後は「適性1・2・3」として区立中高一貫校に準拠した問題、最後の2月2日午前は「適性Ⅰ・Ⅱ」の2科目ではありますが、都立中高一貫型の問題となっています。

2月4日午前入試にふたつの『特色入試』を実施！

2020年からプログラミング教育が小学校で必修化されましたが、すでにお子様をプログラミング教室に通わせているご家庭もあります。身のまわりにある「課題を発見」し、プログラミングしたロボットをつくることでその「課題を解決」する力を身につけます。しかし、「課題発見力」「課題解決力」をせっかく身につけても入試では役に立たないのですが、それならば「駒込中学入試」の『特色入試』として「上記の力も測る入試をしよう！」ということで、2月4日の午前入試に『STEM入試』を実施しています。

また、駒込では中学でも高校でも「調べる能力」「発表する能力」を高める授業を展開していますが、中学入試においても、iPadや図書室の蔵書を使って調べ学習をしたり、ディベートで論理的に考えたりすることが好きな生徒に、「プレゼンテーション資料」を作成してもらう『自己表現入試』を同じく2月4日午前の『特色入試』で実施しています。

新しい駒込へ！新しいコース制度を導入

昨年より「挑戦の先に新たな駒込を見出す」という教育改革のスローガンを掲げています。このコロナ禍により否応なく新しい時代が訪れようとしているなか、生徒も教員も失敗を恐れずまずやってみることを大切にしてきました。挑戦には失敗がつきものですが、それを繰り返し、新しい時代にふさわしい新しい自分をみつけてもらいたいと駒込では考えられています。その大切な中高6年間を支えるコース制度として、今年度より「国際先進コース」に1本化します。時代がどんなに変化しようとも、自分に自信を持ち仲間と共に乗り越えられる力を身につけさせます。

2020年4月より新制服に！

今年度より中学校の制服が新しくなりました。中学生徒会が中心となりアンケートをとってデザインなどを決めました。駒込らしい格調高い伝統を残しながら、華やかさもプラスされて大変好評です。

SCHOOL DATA

ADDRESS
〒113-0022
東京都文京区千駄木5-6-25
ACCESS
地下鉄南北線「本駒込駅」徒歩5分、地下鉄千代田線「千駄木駅」・都営三田線「白山駅」徒歩7分
TEL 03-3828-4141
URL https://www.komagome.ed.jp/

◉2021年度 中学入試日程

第1回

日程	2月1日(月)午前
受験型	2科目・3科目・4科目 適性検査型A （3科目 Ⅰ・Ⅱ・Ⅲ）
定員	国際先進コース40名

第2回

日程	2月1日(月)午後
受験型	2科目 適性検査型B （3科目 1・2・3）
定員	国際先進コース40名

第3回

日程	2月2日(火)午前
受験型	2科目・4科目 適性検査型C （2科目 Ⅰ・Ⅱ）
定員	国際先進コース20名

第4回

日程	2月2日(火)午後
受験型	3ヵ年特待入試 1科目（算数）
定員	国際先進コース10名

第5回 ※帰国生入試も有。

日程	2月4日(木)午前
受験型	2科目 プログラミングSTEM入試 自己表現入試
定員	国際先進コース10名

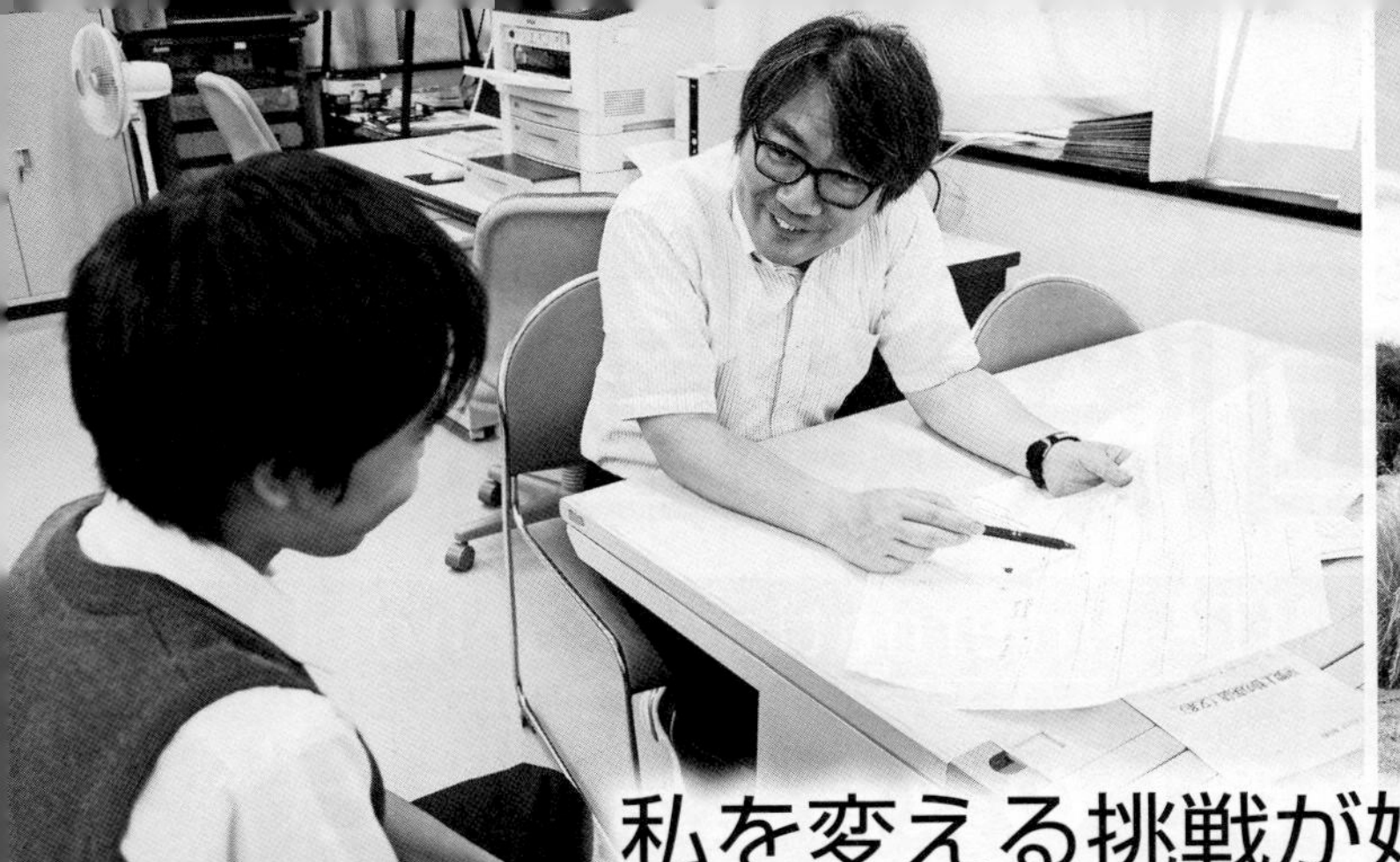

私を変える挑戦が始まります
チャレンジを応援する進学校。

帝京大学中学校

TEIKYO

Teikyo University Junior High School

〒192-0361 東京都八王子市越野322 TEL.042-676-9511(代)

https://www.teikyo-u.ed.jp/

■ 2020年度 中学入試学校説明会 ※本年度の説明会はすべて予約制です

	実施日時		内容
第3回	10月17日(土)	10:00～11:30	入試対策アドバイス(理・社) 中1保護者から見た本校
第4回	11月14日(土)	10:00～11:30	【本校が目指す教育】 中学担任からみた本校
第5回	12月19日(土)	10:00～11:30	本校の基本情報、入試直前情報 (入試直前に本校の受験を検討されている小6・保護者の方へ)

※説明会の予約方法は、各説明会の約1ヵ月前にホームページに掲載させて頂きます。

■ 2021年度 入試要項(抜粋)

	第1回	第2回(特待・一般選抜試験)	第3回
試験日	2月1日(月)午前	2月2日(火)午前	2月3日(水)午後
募集定員	40名(男女)	40名(男女)	30名(男女)
試験科目	2科(算・国)4科(算・国・理・社)の選択	4科(算・国・理・社)	2科(算・国)

※第2回(特待・一般選抜試験)では、合格者上位15名が原則6年間特待生となります。

●スクールバスのご案内

月～土曜日／登下校時間に運行。
詳細は本校のホームページをご覧ください。

JR豊田駅 ←→ 平山5丁目(京王線平山城址公園駅より徒歩5分) ←→ 本校
←(約20分)→

多摩センター駅 ←(約15分)→ 本校

三田国際学園中学校

MITA International School

「知好楽」の教育理念のもとグローバル時代に通用する人材を育成する

School Information
〈共学校〉

Address
東京都世田谷区用賀2-16-1
TEL
03-3707-5676
Access
東急田園都市線「用賀駅」徒歩５分
URL
http://www.mita-is.ed.jp

年々人気が増している三田国際学園中学校。その秘密は、決してぶれることのない教育理念・ビジョンにあります。今年のコロナ禍においても、これまでの積み重ねをもとに、オンライン授業などを見事に活用しています。

三田国際学園で培う「５つの力」

１１８年前の学校創立時から、三田国際学園中学校（以下、三田国際学園）に受け継がれてきた教育理念「知好楽」。孔子の教えに由来するこの言葉を、創立者・戸板関子が「楽しさの中にこそ、人間の進歩がある」という思いとともに建学の精神として掲げました。

それを「さまざまな知に出会い、それを行動の源として自らの世界を広げ、社会との関わりの中で自分自身の生き方を見つける」と新たに位置づけ、そのうえで、このグローバル時代に必要とされる人材を育てるべく「５つの力」を身につけられる「世界標準の教育」を行っています。

「５つの力」とは、「考える力」「英語」「サイエンスリテラシー」「コミュニケーション」「ＩＣＴリテラシー」です。

三田国際学園では、これらをあらゆる場面で伸ばしていけるように、学校生活・教育内容が設計されています。例えば「ＩＣＴリテラシー」です。

２０２０年に入ってから、新型コロナウイルス感染症の感染拡大により、日本中の生徒たちも様々な影響を受けています。

各学校がＩＣＴ（情報通信技術）をいかに活用できているかが、生徒たちの学習活動に対する大きな違いになっていますが、三田国際学園は従来からＩＣＴ環境の整備や、ＩＣＴ教育の充実に取り組んできたことで、早くからオンラインによる授業を滞りなく実施し、順調に学習を進めることができています。

個性豊かな３つのクラス

そんな三田国際学園には、個性的な３つのクラスがあります。

「本科クラス」は、「考えること」にフォーカスした授業などを通して、主体性・創造性を育むクラスです。とくに中２からの「基礎ゼミナール」は、生徒の興味に基づいた講座を選択し、大学のゼミのごとく、課題設定、調査・研究などを行うこ

2021年度 三田国際学園中学校 募集要項						
試験日	2月1日（月）			2月2日（火）	2月3日（水）	2月4日（木）
	午前	午後		午後		
入試区分	第１回	第２回	算数入試	第３回	MST入試	第４回
募集定員	本科15名 インターナショナル15名	インターナショナル30名	本科20名	本科20名 インターナショナル20名	メディカルサイエンステクノロジー30名	本科５名 インターナショナル５名
選考方法	本科：４教科 インターナショナル：４教科	４教科	算数	本科：４教科 インターナショナル：４教科 または英語・面接	算数・理科	本科：４教科 インターナショナル：４教科 または英語・面接

	４教科	算数入試	英語	MST入試
時間・配点	国語・算数 （各50分／各100点） 社会・理科 （計50分／各50点） 合計300点	算数 （60分／100点）	英語：リスニング含む （60分／100点） 面接：英語と日本語 （本人のみ）	算数・理科 （各60分／各100点） 合計200点

とで、文系・理系を問わず、「研究者たる姿勢」を身につけることができます。

「インターナショナルクラス」は、中1から週10時間英語の授業が設定されているなど、高い英語力や国際感覚を養うカリキュラムの一方、帰国生と中学から英語を学ぶような生徒が同じクラスにいるといった、多様なバックグラウンドのクラスメイトが同居することで、多様性を肌で感じることができるのが魅力です。

そして、「メディカルサイエンステクノロジークラス（ＭＳＴ）」は、数学・理科分野への興味や学習意欲が高い生徒を、さらに伸ばしていくためのクラスです。中2からの「基礎研究α」は、高校のメディカルサイエンステクノロジーコースでの「基礎研究β」に研究を引き継ぐことができるなど、中高一貫で学び続けることができます。

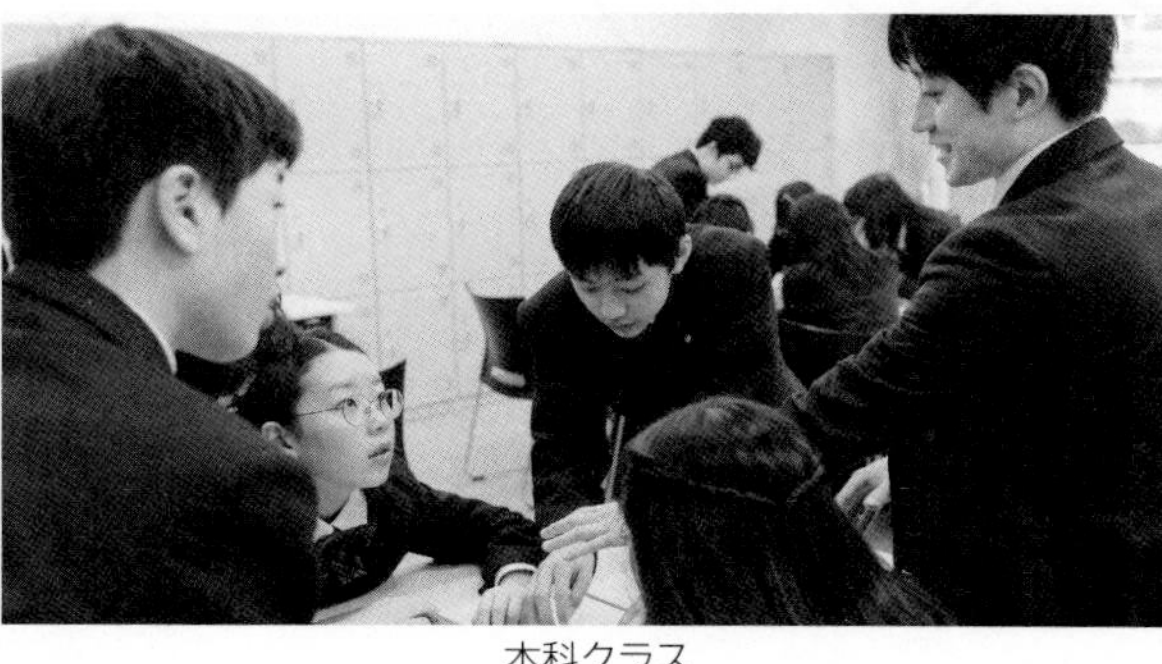
本科クラス

インターナショナルクラス

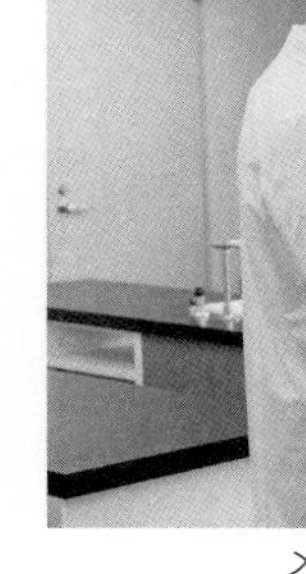
メディカルサイエンステクノロジークラス

様々な入試形式が生徒の多様性を育む土壌に

ここからは、来春の入試についてご紹介しましょう。

4教科入試は全教科、基本問題が30％、応用問題と思考力問題が35％ずつという割合になっています。

これは、三田国際学園が教育理念に従い、考えることに意欲的で、表現力が高い、思考力問題でしっかり得点できる受験生を評価したいという思いがあるからです。

本科クラスの「算数入試」での算数と、2月3日にある「ＭＳＴ入試」の算数・理科が、4教科入試の算数・理科とどう違うのかといえば、基礎、応用、思考力問題の割合は変わりませんが、出題される問題の深度がより増しているところです。

こうして見ていくと、自ら考え、それを表現する力がないと、三田国際学園の入試問題を解くのは難しいのではないか、そう感じる読者もいるかもしれません。しかし、その心配はいりません。

「基本と応用で65％になるため、これまでの努力で積み重ねた基礎学力を発揮してもらえれば、合格基準に達することも十分できますので安心してください。ただ、そのうえで思考力問題にも挑戦してもらい、『私はこう思う』というものを思いきって出していくことによって、さらに加点されていく、と考えてもらえれば」と今井誠教頭先生が説明される通り、こうした問題に苦手意識があるからといって敬遠する必要はないといえます。これまでの受験勉強でコツコツと培った力を発揮できればそれでいいし、思考力に自信がある受験生は、それがさらに活きてくるという形になるのです。

そうはいっても、こうした問題にあまりなじみがなく、なかなか受験を考えにくい、という読者のみなさんは、ぜひ11・12月に実施される予定の入試傾向説明会に参加してみてください。出題例などをもとに、具体的な説明がなされるこの説明会に出席することで、実際の問題がイメージしやすくなるでしょう。

ここまでご紹介してきたような確固たる生徒育成のビジョンを持ち、都内でも最先端を走る教育を実践している三田国際学園。様々な入試形式を通して多様な生徒が入学してくる、この刺激的な学び舎で、6年間を過ごしてみませんか。

今年の中学説明会・入試傾向説明会の詳細は、学校ＨＰでご確認ください。

親子でやってみよう

科学マジック

ブドウたちの舞踏会

今回、みなさんにお届けするマジックは、グラスに入れた水（炭酸水）にブドウを入れると起こる「不思議」です。秋の味覚といえばブドウもその１つ。食べる前にお父さん、お母さんといっしょに挑戦してみましょう。ブドウたちがみんなでダンスを踊りだします。

step 1　用意するもの

①ブドウ（小粒）　②炭酸水（できれば強炭酸水）③グラス

step 2　グラスに炭酸水を注ぐ

グラスの７～８分目まで炭酸水を静かに注ぎます。

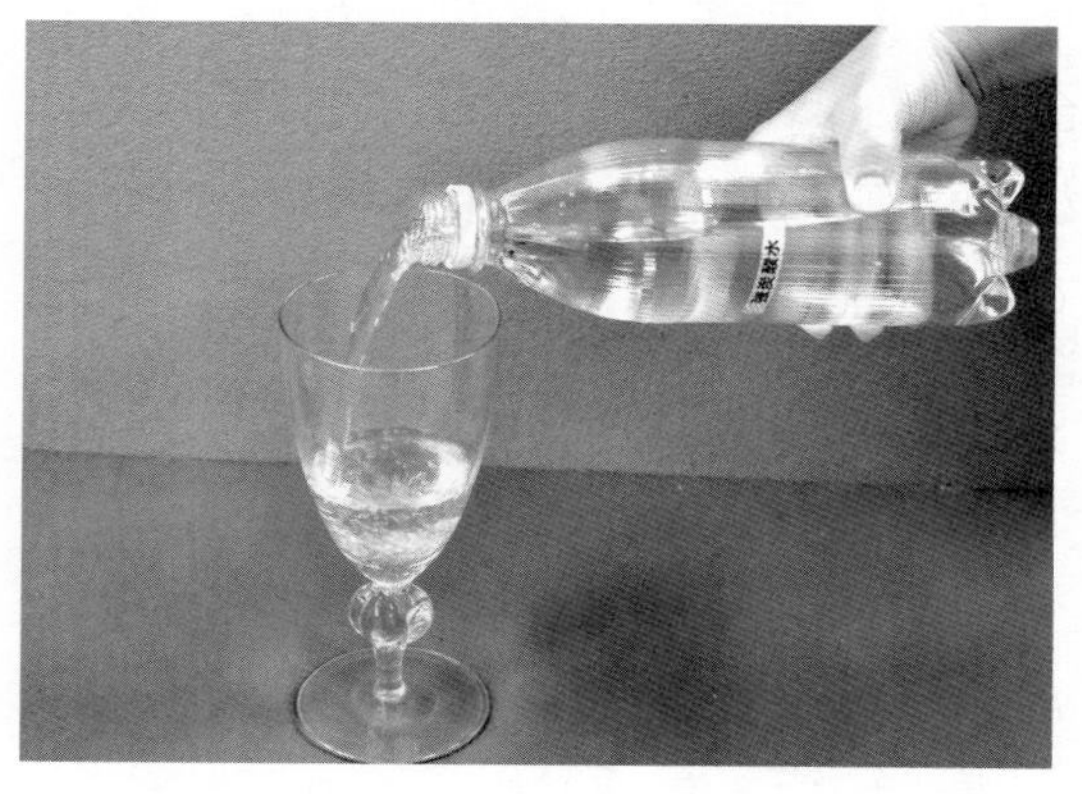

step 3　ブドウをそっと炭酸水に

小さめのブドウ１粒をつまみ、そっと炭酸水のなかに落とし込みます。

step 4　さらにブドウを入れる

グラスの底に広がる程度の数（３～５粒）のブドウを入れます。

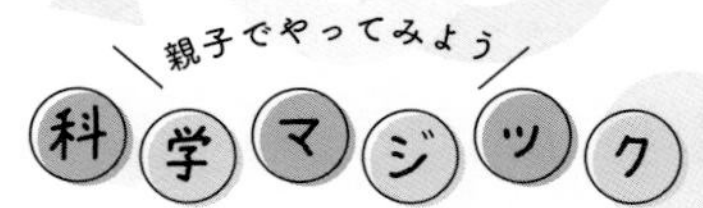

step 5 最初に入れたブドウが

あれっ、最初に入れたブドウがクルクル回りながら上昇しています。

step 6 ブドウのダンスが始まった

ほかのブドウたちも上昇を始めたと思ったら、みんなが上がったり下がったりし始めます。

step 7 上がったり下がったり

ブドウ全部が上がっているときもあるかと思えば、てんでんばらばらにダンスを踊ります。

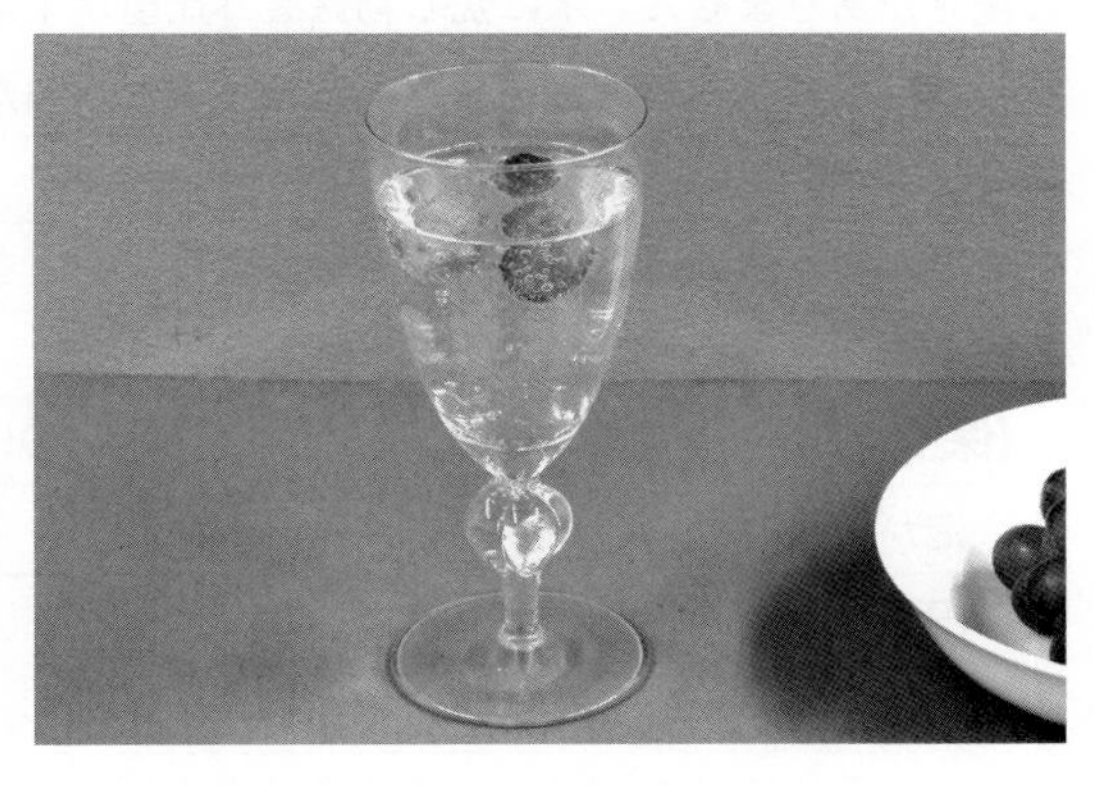

step 8 やがては静かに

ダンスを楽しんだブドウたち。やがて静かにみんなが底に沈んでお休みです。

※解説は次ページ参照

解説

炭酸水は水と炭酸ガスに強い圧力をかけて、水に炭酸ガスを溶け込ませたものです。「ソーダ」や「ソーダ水」とも呼ばれます。

今回のマジックでブドウがダンスのような動きをするのには、次のような段階を踏んでいます。

炭酸水に入れられたブドウの表面に、水から抜け出ようとする炭酸ガスが次々と付着します。付着した炭酸ガスの泡が浮力となってブドウを浮かび上がらせます【図1】。

水面に出るとブドウの上部に付着していた炭酸ガスの泡が破裂し、浮力を失ってブドウは沈みます【図2】。

沈んだブドウには再び炭酸ガスが付着して浮かびます。この繰り返しでブドウがダンスを踊っているようにも見えたのです。やがて炭酸ガスの付着が少なくなって浮力は失われ、ブドウは沈んでしまいます。

ブドウを使用する場合、巨峰など大きくて重いものは不向きです。１粒が1.5g程度までが目安です。

タブレット型のガムなどでも、色を取り混ぜればきれいなダンスを踊ってくれます。軽いもの、丸みを帯びて表面積が大きいものがおすすめです。もちろん、いったんは水に沈むものでなくては驚きがありません。水に沈む物質を「比重が１よりも大きい物質」といいます。では軽いもの、例えば１ｇに満たないクリップやほぼ１ｇの１円玉などでも試してみましょう。

なお、炭酸水は自然界でも湧き水や温泉などとなって産出されています。

【保護者の方へ】 クリップが浮かび上がらないのは表面積が小さく、泡が付着しにくいからです。

１円玉が浮かび上がらないのは底に沈んだ際、１円玉が平らになってしまい、上側には泡が付着しますが、下側には泡がつかず全体を持ち上げるだけの浮力には満たないのです。

動画はこちら↑

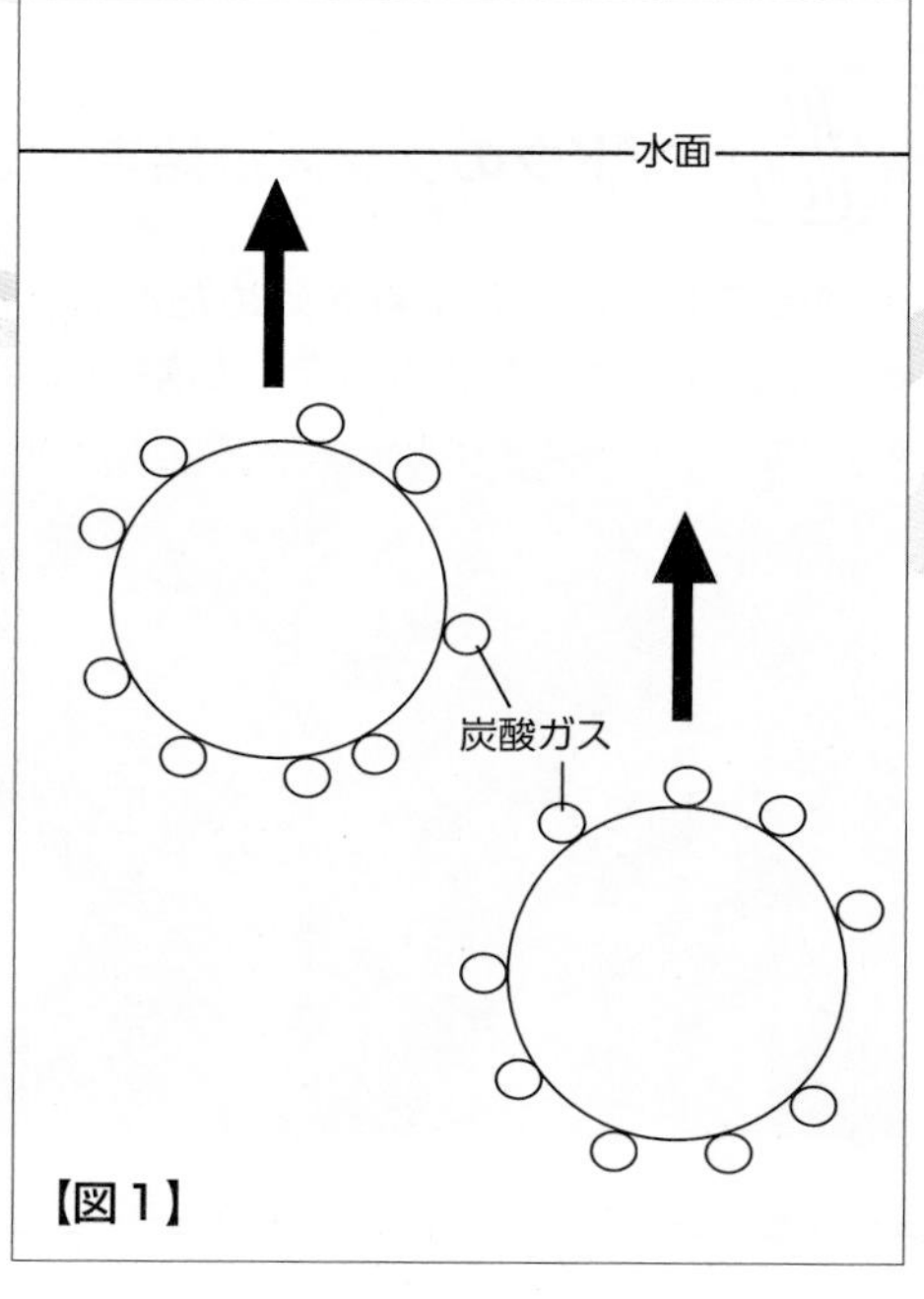

【図１】

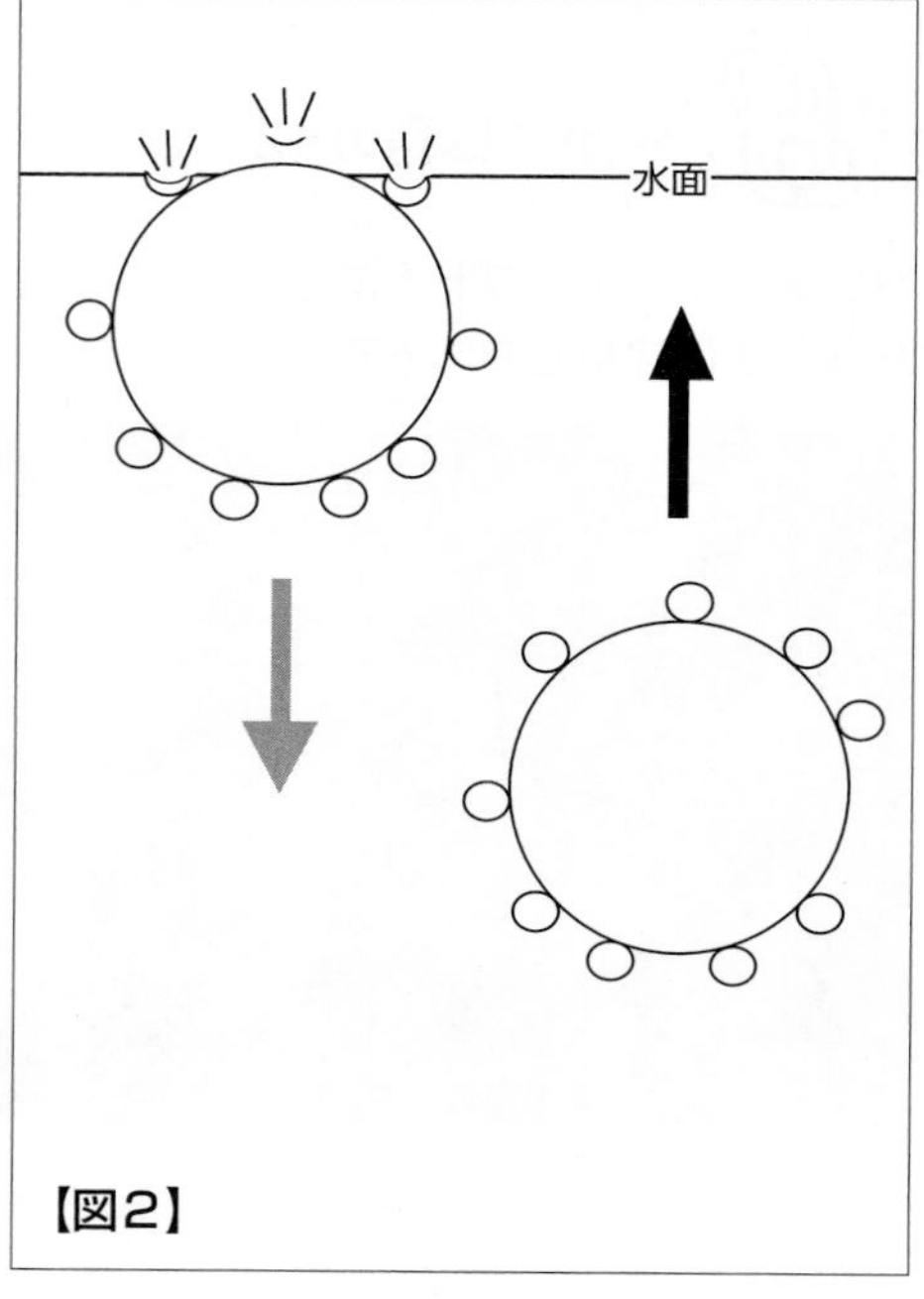

【図２】

世界とつながる私の「みらい」デザイン

麴町学園女子中学校

東京都　千代田区　女子校　https://www.kojimachi.ed.jp/

麴町学園女子中学校では、めまぐるしい変化において「しなやかに、たくましく」対応できる「みらい型学力」を身につけ、多様化する社会に自信を持って羽ばたき、そのステージで鮮やかな輝きを放つ女性を育成する取り組みを行っています。

アクティブイングリッシュの取り組みで大きな成果

麴町学園女子中学校高等学校（以下、麴町学園）では、「みらい型学力」を育成するために、「みらい科」「グローバルプログラム」「思考型授業」「アクティブイングリッシュ」という4本柱を置いています。

特に英語については、（財）実用英語推進機構代表理事である安河内哲也氏を特別顧問として迎え、4技能をバランス良く身につけ、本当に使える英語を身につけることを目標に、独自の授業「アクティブイングリッシュ」を展開しています。

この「アクティブイングリッシュ」の導入成果は、英検の結果にも如実に表れています。英語を得意とする生徒が入学する「グローバルコース」では、英検1級の筆記試験に合格者をだしています。また、2科4科受験で入学する「スタンダードコース」の50％は、中1終了時に英検4級以上をすでに取得しています。

ネイティブの教員が常駐する「iLounge」

英語の力で高大連携、「ダブルディプロマプログラム」

この「アクティブイングリッシュ」の取り組みが大学の先生からも評価され、成城大学・東洋大学をはじめとする複数の大学と高大連携を締結しています。従来型の指定校推薦制度の多くは、大学との交流がほとんどなく、大学のことを直接知る機会が少ないのが現状です。そのため、「イメージが良い」「通いやすい」など表面的な理由で大学を選びがちになり、入学後に「思っていたものと違う」と学習意欲を失いかねない面も少なからずあります。そうしたミスマッチをなくすために、麴町学園の高大連携では、学習の一環として、大学を理解するためのさまざまな機会を設けています。そして、高校の評定平均や英検の取得級などの基準に応じて、連携校に進学することも可能になります。

また、2020年度より、アイルランドとニュージーランドの計4つの高校と提携し、「ダブルディプロマプログラム」を導入しました。このプログラムでは、アイルランドまたはニュージーランドの提携校へ麴町学園の生徒が1年間もしくは2年間留学することで、現地高校の卒業資格（ディプロマ）を取得でき、なおかつ麴町学園の卒業資格も得ることができます。

2つの国の高校卒業資格を得ることで、世界の大学への進学をめざすことができ、日本国内の大学への進学の際にも有利な活用ができるプログラムになっています。

生徒１人１台iPadを所持

説明会日程

●学校見学会
11月 6日(金)18:00
11月 7日(土)10:00／14:00
11月22日(日)10:00

●入試説明会
1月17日(日)10:00
1月23日(土)10:30

●入試模擬体験
11月29日(日) 9:30
12月 6日(日) 9:30
12月20日(日) 8:30

※日程は変更になる場合がありますので事前にHPでご確認ください。

SCHOOL DATA

Address: 東京都千代田区麴町3-8
TEL:03-3263-3011　**Access**: 地下鉄有楽町線「麴町」徒歩1分、地下鉄半蔵門線「半蔵門」徒歩2分

教えて中学受験Q&A

6年生

Question

志望校選択について、父母の意見が違うときはどう対処すればいい？

志望校を絞る段階になって、父親と母親で意見が異なってしまいました。親の方針が一致していないことで、子どもにも悪影響をおよぼしてしまわないかと心配しています。こうした場合、どうしたらいいでしょうか。

（東京都大田区・S. I.）

Answer

まずはご両親でしっかり話しあいを。それがよりお子さんに合った志望校選びにつながります。

中学受験の場合、志望校選択は非常に大きな判断を伴うことになります。中高一貫校は入学すると6年間を同じ学校で生活しますから、お子さんにとってどの学校が適しているのか、様々な視点から慎重に考慮する必要があります。その際、なにに重きをおくかで意見が異なることもあるでしょう。もちろん両親の意見が一致しているのが理想ですが、意見が異なるということは、それぞれに理由があるはずですから、まずはご両親の間でしっかりと話をして、それぞれの主張を理解しあうところから始めてはいかがでしょうか。

よく話しあえば、志望校選択を通じて、お子さんにどのような中高生活を送ってほしいのかが、次第に明確になってくるはずです。ご両親の意見が違うことが決してマイナスではなく、より深く志望校を検討するいい機会にもなると思います。そうした検討を重ねることが、お子さんにとってより適した学校選びに近づきますし、それが悔いのない志望校選択につながっていくはずです。

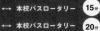

疑問がスッキリ!

2～5年生

Question

人見知りの激しい息子が、塾になじめるか心配です。

できることなら将来、中学受験をしてほしいと思っています。しかし、うちの子は人見知りが激しく、塾に行ったとしても、厳しい競争のなかで塾になじんでいけるか非常に心配しています。こういう子でも大丈夫でしょうか。

(神奈川県横浜市・S. O.)

Answer

塾に慣れて勉強が楽しくなってくると、自然と溶け込んでいくので安心を。

結論からいえば心配は不要です。性格が多少内向的で人見知りするようなお子さんでも、塾で勉強していくことに支障はありません。それぞれの成長過程において、そうした時期はだれにでもあることです。ある程度の時間をかけて塾での学習に慣れてくると、内容が理解でき、勉強することがお子さんなりに楽しくなってくるでしょう。「わかった、できた」という喜びは、非常に大きな学びの動機となります。

塾は勉強に主体的に取り組む人たちが集う場です。同じ目標に向けて学んでいく仲間は、ライバルでもあり、また、同志でもあります。勉強を通じてともに学ぶライバル、同志として、自然と打ち解けていくと思います。勉強がよく理解できるようになると学ぶことが楽しくなり、いつの間にか人見知りしなくなったという例も数多くありますから、まずは塾での勉強を開始してみてはいかがでしょうか。

進化する「三輪田の英語教育」

三輪田学園中学校（みわだがくえん）

School Data〈女子校〉

◆所在地　東京都千代田区九段北3-3-15
◆TEL　03-3263-7801
◆URL　https://www.miwada.ac.jp/
◆アクセス　JR中央・総武線ほか「市ヶ谷駅」徒歩7分、JR中央・総武線ほか「飯田橋駅」徒歩8分

説明会日程　すべて要予約

◆ミニ学校説明会
11月 5日(木)13:30～14:30
1月19日(火)10:30～11:30

◆学校説明会
11月28日(土)12:30～14:00

◆校長と入試問題にチャレンジ
11月14日(土)／12月5日(土)
12月12日(土)
すべて10:00～11:30

◆入試説明会 ※6年生対象
12月20日(日)13:30～14:45
1月16日(土)10:30～11:30

三輪田学園中学校（以下、三輪田）は、創立者・三輪田眞佐子が掲げた理念を受け継ぎながら、「誠実で、だれとでも『つながる』ことができ、自らの人生を切り拓いて生きる『徳才兼備』の女性」を育てることを目標として掲げています。

近年は英語教育に力を入れており、2020年度入試から「英検利用入試」を新設、帰国生入試も英語を利用できるタイプを増設しました。そしてこの4月から、英検取得級によって3クラスに分ける新たな英語教育が始まっています。

生徒の力に合わせて3クラス制を導入

三輪田にはすでに英検の級を持ったうえで入学する生徒はいましたが、ほかの生徒同様アルファベットから学ぶため、先生方はもっと各々の力を伸ばす仕組み作りをしたいと、ずっと話しあってきたそうです。

「それを形にしたのが取得級によってオナーズクラス、アドバンストクラス、スタンダードクラスに分けるシステムです。これなら丁寧にレベルに合った指導ができますし、それが生徒のやる気にもつながると考えています」と英語科の石上美樹子先生は話されます。

「オナーズクラス」（1クラス）の対象は、英検準2級以上取得者で、中1はネイティブ教員による授業が週3時間、日本人教員による授業が週2時間。検定教科書以外の補助教材も使用し、スピーチやディスカッションなどを取り入れながら、オールイングリッシュで進めます。

同クラスを受け持つケイリー先生が「私の授業のモットーはなんでも話してみよう、です。まずは発言することが大切ですから、『間違ったらだめだ』と委縮しないよう、伸びのびと臨める雰囲気作りを心がけています。恐れずに挑戦する、むしろ挑戦するのが楽しいと思ってもらいたいです」と話すように、取材時も、先生と生徒が活発に会話をしながら授業を行っていました。

「日本では意見をまとめてから発表しなければならない風潮がありますが、外国では思いついた人から発言することを繰り返して意見を固める手法が多くとられています。オナーズクラスの授業はまさにそうした英語が母国語の国の授業のようなイメージです」と石上先生。

また、オナーズクラスでは、発信力を伸ばすだけではなく、「myOn（マイオン）」というeラーニングサービスを活用して、英語の多読多聴にも注力しています。

一方「アドバンストクラス」（1クラス）には英検3級取得者、および英検利用入試での入学者、「スタンダードクラス」（5クラス）にはオナーズ、アドバンストクラスに該当しない生徒が所属します。前者は週2時間がネイティブ教員、週3時間が日本人教員、後者は週1時間がネイティブ教員、週4時間が日本人教員による授業です。

アドバンストクラスはスタンダードクラスより発展的、しかし基礎もしっかり身につけられるクラスです。オナーズクラス同様、ハイレベルな補助教材も使用しつつ、ペアワークやスピーチなども頻繁に行います。

スタンダードクラスは基礎から着実に積み重ねて、徐々に英語の力を伸ばしていくクラスです。全5クラスのうち3クラスを4分割、2クラスを3分割にした習熟度別少人数クラスで、それぞれの力に応じた教育を実践しています。

なお、3クラスに分かれての授業は中2・中3でも実施し、現・中1が進級する際、オナーズクラスは2級、アドバンストクラスは準2級取

英語授業・海外プログラムの様子

オナーズクラスの授業

アドバンストクラスの授業

オーストラリア留学

イングリッシュキャンプ

カナダ語学研修

マルタ海外研修

得者、および定期考査の上位者が対象となります。

自分の人生を自分で切り拓ける人に

ここ数年、海外プログラムも充実の一途をたどっており、オーストラリアの提携校での留学をはじめ、中2～高2の各学年で多彩なプログラムを用意しています。

今年は新型コロナウイルス感染症拡大防止の観点から中止としましたが、例年、国内の宿泊施設で2泊3日、英語浸けの日々を過ごす「イングリッシュキャンプ」（中2全員参加）や、ホームステイしながら語学研修、地域の方々との交流など盛りだくさんな内容の「カナダ語学研修」、講義をすべて英語で行う国際教養大学（秋田）で学生や留学生と交流しながら様々なスキルを高められる「イングリッシュビレッジ」（どちらも中3希望者対象）などが行われています。

昨年からは高1・高2の希望者向けに「マルタ海外研修」もスタートし、来年度から始まる予定の「イギリス語学研修」では、オープンクラスでヨーロッパの国々から集まった学生とともに英語を学習するなど、実践的な会話力を磨けます。

さらに昨年、海外協定大学推薦制度を締結したことで、要件を満たせば、そのままアメリカ、イギリスなどの海外大学に入学することができるようになりました。

このことについて中学教頭の塩見牧雄先生は、「新しく英検利用入試を導入して、一定レベル以上の英語の力を持った生徒を受け入れるのであれば、出口の進路として、海外大学への道も整える必要があると考えました。

本校がめざすのは、『自分の人生を自分で切り拓ける女性の育成』です。そのために英語教育を充実させて、英語の力を身につけることが役立つと考えているので、これからも英語教育に力を入れていきたいです」と話されます。

今回ご紹介した英語教育のほかにも、三輪田では特色ある教育を色々と実践しています。石上先生が「英語はもちろん、英語以外の教科も興味を持って学び、多様な人を受け入れる寛容な心を持った生徒を育てていきたいです」と語られるように、周りの人、そして世界との「つながり」を大切に、三輪田はこれからも発展を続けていくでしょう。

ジュクゴンザウルスに挑戦！

熟語パズル

問題は82ページ

A

B

答	自	問	自
得	足	由	画
演	自	作	自
在	給	業	賛
縛	自	縄	自

同じ漢字が2つ入る四字熟語はいっぱいあるけど、「一」が入る四字熟語が一番多く、2番目に多いのが「自」が入る四字熟語だというよ。

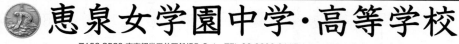

【Aブロックの答え】

①一朝一夕（いっちょういっせき）
②一長一短（いっちょういったん）
③一問一答（いちもんいっとう）
④一国一城（いっこくいちじょう）
⑤一日一善（いちにちいちぜん）
⑥一木一草（いちぼくいっそう）
⑦一宿一飯（いっしゅくいっぱん）

【Bブロックの答え】

①自問自答（じもんじとう）
②自作自演（じさくじえん）
③自縄自縛（じじょうじばく）
④自画自賛（じがじさん）
⑤自給自足（じきゅうじそく）
⑥自由自在（じゆうじざい）
⑦自業自得（じごうじとく）

魅力に迫る

学びを止めることなく前向きに行動する生徒と教職員

東洋大学京北中学校

（とうようだいがくけいほく）

■ 東京都 文京区 共学校 ■

「より良く生きる」を教育のテーマとする東洋大学京北中学校。コロナ禍においても、そのテーマを忘れることなく前向きに教育活動を展開しています。

東洋大学京北中学校（以下、東洋大京北）では、新型コロナウイルス感染症の影響により休校を余儀なくされた間も、各教科の課題を生徒宅へ郵送したりオンライン授業を配信したりと、教職員一丸となって学びを止めないよう対応してきました。

オンライン授業用の時間割を設定したことで、生徒は休校中も規則正しい生活を送りながら、学習に取り組んでいたそうです。運動不足にならないよう、体育科ではストレッチ動画も配信していたといいます。

また、従来からのオンラインプログラムを活用し、学習の進捗状況の確認、疑問点に対する回答なども行い、自宅学習を支援してきました。

さらに、不安を少しでも取り除けるよう、オンライン上で個別面談を実施するなど、精神面のサポートも万全に整えていました。

その後、6月からは「健康観察シート」の提出、登校時のサーマルカメラによる体温測定など、生徒の体調や安全に配慮しつつ、登校・授業を再開しました。

困難な状況においても「より良く生きる」

しかし、東洋大京北でも他校同様、多くの行事を中止にせざるをえませんでした。そんな学校再開直後の6月中旬、生徒会から七夕に向けて校内に笹を飾りたいという提案があり、全生徒、全教職員が短冊に願いごとを書き、笹につるしました。

生徒たちが記した短冊には「みんなが早く普通の生活に戻れますように」「日本頑張れ」など、社会を気遣う言葉が多く書かれていたそうです。

「本校では『より良く生きる』をテーマに哲学教育（生き方教育）を行っています。困難な状況のなかでも、生徒たちが、いまなにができるのか、『より良く生きる』にはどうすればいいのかを考えていることがわかり嬉しくなりました。これまで大切な人、身近な人を幸せにすることが『より良く生きる』ことにつながると伝えてきましたが、生徒たちはそれを理解し、周りのことを考えられるようになっていることを実感しました」と石坂康倫校長先生。

石坂 康倫（いしざか やすとも）校長先生

このように、東洋大京北ではコロナ禍でも、生徒、教職員が前向きに行動しているのです。

「以前から、『本当の教養を身につけた国際人の育成』をめざしてきましたが、今回のことで、そうした人材の育成が重要であると改めて感じました。現在起きているような問題を解決するには様々な知識や教養、そして考える力が必要です。世界の人と協力することも不可欠でしょう。

今後も、本校独自の幅広く学ぶカリキュラムや国際教育、哲学教育（生き方教育）などで生徒たちの可能性を広げるとともに、身につけた知識や教養を使って社会に貢献できる人材を育てていきたいと思います」（石坂校長先生）

学校説明会

●学校説明会 要予約
10月31日（土）15:00～16:30 12月12日（土）10:00～11:30

●入試問題対策会 要予約
12月20日（日） オンラインにて実施

●中学入試報告会 要予約
3月13日（土）15:00～16:30 小5（新小6）以下対象

※新型コロナウイルス感染症の影響により変更の可能性があります

SCHOOL DATA

所在地 東京都文京区白山2-36-5
アクセス 都営三田線「白山駅」徒歩6分、地下鉄南北線「本駒込駅」徒歩10分、地下鉄丸ノ内線「茗荷谷駅」徒歩14分、地下鉄千代田線「千駄木駅」徒歩19分
TEL 03-3816-6211
URL https://www.toyo.ac.jp/toyodaikeihoku/jh/

学ナビ!! vol.152
School Navigator

江戸川女子中学校
東京　江戸川区　女子校

未来を生き抜く力を身につけ「自立した女性」へ成長

２０２０年で創立90周年を迎えた江戸川女子中学校（以下、江戸川女子）は、知性と品性を備えた「自立した女性」の育成をめざす学校です。

学習においては6年間全体の流れを考慮し、無理のない先取り教育を実施しています。2期制で授業は65分。国語・数学・英語に多くの時間を確保し、国語では中3よりオリジナルテキストを使用した古典授業を開始、文法を中心に大学入試に直結した独自の古典教育を実践しています。また、数学では習熟度別の少人数クラスで授業を行うなど、丁寧で細やかな指導が行われています。

真の国際人を育成する 新設の国際コース

２０２１年度から、一般コースに加え新たに国際コースがスタートします。国際コースでは「世界を舞台に活躍できる、真の国際人の育成」をテーマに、英語力の向上と国際感覚の涵養をめざします。

英語の授業は、中学入学時点での英語力に応じて「Advanced Class」と「Standard Class」に分かれ、少人数で行います。また、このコースはネイティブスピーカーの教員が副担任を務め、日常的に英語でコミュニケーションを取ることができます。

さらに、英語にとどまらず音楽と美術の授業でも英語イマージョン教育を実施。「英語を学ぶ」と身がまえることなく自然に英語を使う状況を作り出すことで、積極的に話そうという意識を育みます。

中3ではマレーシアで1週間の語学研修に参加します。語学学校や現地高校訪問、ホームステイ、観光など充実した内容で、語学力だけでなく視野を広げる体験ができます。

難関大学合格へ導く 質の高い英語教育

江戸川女子は、国公立大学をはじめ、医学部、最難関私立大学へ多くの生徒を送り出しています。

その大きな要因が、質の高い英語教育です。テキストは「プログレス21」を使用し、中3終了までに高校で学ぶ基本的な文法事項をひと通り学びます。

ネイティブスピーカーの教員による英会話授業も毎週行われており、受験で必要な英語力と、伝達手段としての英語力の両方をしっかりと身につけられます。

英検にも積極的に取り組んでおり、例年約7割の生徒が中学卒業時に英検準2級以上に合格しています。

また、大学入学共通テストで必要とされる英語4技能（読む、書く、聞く、話す）に対応する、“English Speak-Out Program”を導入しています。これは3日間の集中プログラムで、12～13人ごとのグループに分かれて、ネイティブスピーカーの教員のもと、自己表現、コミュニケーション、プレゼンテーションなどの能力を高める取り組みに参加します。ゲームを交えた盛りだくさんの内容で、毎年9割以上の生徒が終了後のアンケートで「英語を話すのが楽しくなった」と回答しています。

英語を話したいというモチベーションをアップさせる行事も盛んで、年に1回、生徒主導のスピーチコンテストが開催されています。

このほか、国語では論理の授業、社会では課題解決学習を実施、理科では夏休み実験講座の開講など、江戸川女子では未来を生き抜く力を育む特色ある教育が展開されています。

School Data

所在地：東京都江戸川区東小岩5-22-1　アクセス：JR総武線「小岩駅」徒歩10分、京成線「江戸川駅」徒歩15分
生徒数：女子のみ536名
ＴＥＬ：03-3659-1241
ＵＲＬ：https://www.edojo.jp/

学ナビ!! vol.153
School Navigator

立教新座中学校
（りっきょうにいざ）

埼玉　新座市　男子校

キリスト教に基づく教育を通して世界へ羽ばたく人材を育成

聖書と英学を教える私塾として創立された立教学校を母体とし、小学校から大学まで一貫した教育を行う立教学院。立教新座中学校（以下、立教新座）はその一員として、「キリスト教に基づく人間教育」という建学の精神に従い、様々な教育活動を行っています。

自由と自律の精神に基づき自ら考え、自ら学ぶ

自由と自律を重視する立教新座では、学校生活の様々な場面で自ら考えて学ぶ姿勢を育んでいます。

例えば、中1から参加する校外学習では、行き先や内容の異なるコースを複数用意。自分の興味や関心に合わせて選択できます。また、中3の「英語2」という授業では、「総合英語」「英文読解」「英語表現」「基礎英語」の4つから、希望に沿って1つ選ぶ形をとっています。

高校ではさらに選択の幅が広がり、芸術科目（音楽・美術・工芸・書道）だけでなく体育でも10種目から好きなものを選ぶ機会を設けています。高3からの自由選択科目は約80講座あり、段階に応じて必要なものを選んで学ぶことができる環境です。

世界の人々と共生できるグローバルリーダーへ

これからの時代に必要とされる資質として、「共に生きる力」を育む取り組みが用意されているのも魅力の1つ。人と人とのかかわりを通じて社会の課題を解決するために、国際的な視野を養うグローバル教育と、チームで目標を達成するためのリーダーシップ教育を行っています。

グローバル教育においては、単なる語学力向上にとどまらず、異文化理解の視点が大切にされているのが特徴です。海外での研修やプログラムは10種あり、学校全体で年間約100名が参加しています。3カ国に5校の提携校を持ち、留学生の受け入れも年間25名ほどと、異文化に触れられる機会が豊富です。

一方リーダーシップ教育では、「多様な価値観や文化を受け入れながら、周囲の人々を巻き込み、共に行動し、付加価値を創出する能力」をリーダーシップと定義し、様々なプログラムを展開しています。授業中に集団行動について考える時間を設けるほか、プレゼンテーションにも挑戦。専門家がリーダーシップをテーマに講演する講演会も開かれており、生徒自身がリーダーシップについて考えるきっかけとなっています。

こうしたプログラムの実施を可能にしているのは、大学入試にとらわれない一貫教育校としてのゆとりあるカリキュラムです。立教大学へは、高校3年間の成績が基準を満たせば推薦で進学することが可能です。過去3年間では、進学を希望した生徒の99％が立教大学に進学しています。高大連携教育も充実しており、高3の自由選択科目のうちいくつかの講座を立教大学の教員が担当するだけでなく、大学の指定講座を聴講することもできます。

伸びのびと学びに向かうための設備も整っており、10万㎡の広大な敷地には、蔵書約17万冊を誇る図書館や双方向型授業に適した階段教室、サッカーの公式試合が可能な人工芝グラウンドなどがそろいます。

生徒が自由に、自主的に学校生活を送るための環境やプログラムが整う立教新座で、みなさんも実り豊かな日々を過ごしてみませんか。

School Data

所在地：埼玉県新座市北野1-2-25
生徒数：男子のみ620名
TEL：048-471-2323
URL：https://niiza.rikkyo.ac.jp/
アクセス：東武東上線「志木駅」徒歩15分またはスクールバス、JR武蔵野線「新座駅」徒歩25分またはスクールバス

自問自答力

二松学舎大学附属柏中学校

2019年に高等学校開校50周年、中学校開校10周年を迎えた二松学舎大学附属柏中学校・高等学校。創立者の建学の理念に基づいた真の国際人（グローバルリーダー）の育成に取り組んでいます。

School Data〈共学校〉
所在地：千葉県柏市大井2590　アクセス：JR常磐線・地下鉄千代田線・東武野田線「柏駅」、東武野田線「新柏駅」、JR常磐線・地下鉄千代田線「我孫子駅」スクールバス
TEL：04-7191-5242　URL：https://www.nishogakusha-kashiwa.ed.jp/

21世紀型教育を実践、人間力と学力の向上をめざす

二松学舎大学附属柏中学校・高等学校（以下、二松学舎柏）は、「自問自答」をキーワードに、様々な角度から人間力と学力の向上に取り組んでいます。そのなかでも代表的なプログラムが、中学3年間を通じて行われる体験教室です。

このプログラムは、主体的・対話的に学ぶアクティブラーニング形式で実施されていて、中1は、学校近隣にある手賀沼の生態系や水質を調べる「沼の教室」、3泊4日で実施される「雪の教室」（スキー研修）で自然との共生や集団生活の基礎を学びます。また、田植えから稲刈りまで経験する「田んぼの教室」、中2は、京都・奈良を訪問する「古都の教室」で日本の文化や風俗習慣を学び、「都市の教室」では各学年を通じて、首都・国際都市東京の歴史、文化、政治、経済について考えます。さらに中3では「世界の教室」（シンガポール・マレーシア修学旅行）で、異文化を体験し多様性を理解します。

そして3年間の集大成として、それぞれが自分の好きなテーマについて1年間かけて、「問い⬇仮説⬇調査⬇結論⬇発表」という流れで8000字程度の「探究論文 自問自答」と7分間のプレゼンテーションにチャレンジします。

中1・「雪の教室」（スキー研修）

このプログラムで養成される思考力・判断力・表現力そしてプレゼンテーション力が、生徒自身の未来を切り拓くための「学力」を向上させる重要な要素となっています。

真の国際人を育成する「グローバルコース」と海外研修

中学には、「グローバルコース」「特選コース」「選抜コース」の3つのコースが設けられており、なかでも入学志願者数が最も多いコースが「グローバルコース」です。このコースの目的は、真の国際人（グローバルリーダー）の育成です。

「グローバルコース」では、今後

の大学入試改革もふまえ、生徒の表現力の強化に力を入れています。週2回、7限目に行われるプレゼンテーションプログラムでは、国連で採択されたSDGsを中心に、世界の課題を理解し、その課題に貢献する手段を考え、自ら創意工夫したプレゼンテーションを組み立てていきます。また、海外研修で訪問するイギリス・オーストラリア・カナダの文化や歴史を学ぶことで、世界のなかで認識されている日本について客観的に学びます。中学では、まず日本語で国際理解を深め、思考力と判断力を養いつつ、説得力のあるプレゼンテーション力の向上をめざします。そして高校進学後は、英語で学び、考え、調べる自問自答プログラムや英語で行うプレゼンテーションプログラムへと進化していきます。

グローバルコースの「カナダ研修」

また、建学の精神に「自国のことを正しく理解し、同様に他国のことも正しく理解できる真の国際人を養成する」とあるように、海外へ目を向けた教育活動も活発です。中学では「ブリティッシュヒルズ国内研修」（中1グローバルコース）、「セブ島語学研修」（中2・中3希望者）、「オーストラリア研修」（中2・中3希望者）、「カナダ研修」（中3グローバルコース）が用意されています。

高校では「台湾修学旅行」（高2全員）や「オーストラリア研修」（高2希望者）、高1から高3の希望者対象に、イギリスの名門パブリックスクール「ラグビー校」での夏期短期留学に参加するプログラムもあり、充実した海外研修が実施されています。

ICTを活用し、生徒1人ひとりの学力向上をサポートする

二松学舎柏では、各教室に電子黒板が設置されていて、整備されたWi-Fi環境のなか、各学年で動画などのデジタルコンテンツを利用した授業を実施しています。また、中学入学と同時に生徒全員にタブレットを配っていて、日々の課題提出や学習記録など、先生と生徒間の情報共有ツールとして積極的に活用しています。さらに中高独自の電子図書館が整備されているので、体験教室などの調べ学習やプレゼンテーションの準備、英検・数検の学習などにもタブレットを幅広く利用できます。

また、学習支援プログラムとして、「モーニングレッスン」が毎朝8時15分から40分まで行われます。この時間は英語、数学、道徳（論語教育）のいずれかの時間にあてられていて、前日の復習や基礎基本を定着するための時間として活用されています。

さらに、「能率手帳」で自分のスケジュールを自分自身で管理し、家庭学習の軌跡がわかる「365ノート」を使って、苦手教科やテストの振り返りを行い、その学習内容を、毎日提出します。こうした習慣づけを徹底することは、学力の向上のみならず、生徒自ら課題を決めて答えるという「自問自答力」の養成にもつながっていきます。

中1は基本的に入試の成績により3コース制でスタートしますが、1年間の学習状況やその生徒の頑張りなどが評価されるため、中2からコースの変更も可能になっています。

国公立大学、最難関私立大学をめざすコースとして開設された「グローバルコース」は来春、初めての卒業生を送り出します。

二松学舎柏では今年、厳しい経済・社会情勢をふまえ、新しい奨学金を開設します。詳細は学校ホームページに記載されていますので、ご覧になってみてはいかがでしょうか。

2021年度　中学入試日程

日程・区分			試験科目
12/1（火）午前	第一志望入試	特選コース 選抜コース	作文型・算数・英語より2科目選択 ＋ 表現力検査 （自己アピール・個人面接）
1/20（水）午前	一般入試	選抜コース	2科・4科 いずれか選択
1/20（水）午後	一般入試	グローバルコース 特選コース	2科・4科 いずれか選択
1/22（金）午前	一般入試	選抜コース	2科・4科 いずれか選択
1/25（月）午前	一般入試	グローバルコース 特選コース	2科・4科・思考力検査型 いずれか選択
2/5（金）午前	一般入試	グローバルコース 特選コース、選抜コース	2科（国語、算数）

学校説明会日程（予約制）

11月 3日（火・祝）　9:30※1
11月 7日（土）　14:00※1
11月23日（月・祝）　9:30※2
12月 5日（土）　9:30
12月12日（土）　9:30※2
12月19日（土）　14:00
1月 9日（土）　9:30
（予約についての詳細はホームページをご覧ください。）
※1：別室にて第一志望説明会あり
※2：別室にてグローバルコース説明会あり
日程は変更になる場合があります。事前にHPでご確認ください。

※日程は変更の可能性があります。必ず各校のHPでご確認ください。

帝京大学中学校

●東京都八王子市越野322　●京王線・小田急線「多摩センター駅」、京王線「平山城址公園駅」、JR中央線「豊田駅」スクールバス　●TEL：042-676-9511　●URL：https://www.teikyo-u.ed.jp/

問題

重たいものをもち上げたり運んだりするために、人類は様々な道具を発明してきました。「滑車」や「輪軸」はその例です。それらをうまく用いることで、物体に効率的に力を加えたり、小さな力で物体を持ち上げたりすることができます。まず、重さの無視できる滑車とひもを用いて600gの物体を20cmの高さまで持ち上げることを考えます。

問１．天井に軸が固定された滑車（定滑車）を用いて、図１のようにゆっくりと物体を持ち上げるとき、何gに相当する力でひもを引っ張る必要がありますか。また、ひもは何cm引っ張る必要がありますか。

問２．次に、軸の固定されていない滑車（動滑車）を組み合わせ、図２、３のようにゆっくりと物体を持ち上げるとき、何gに相当する力でひもを引っ張る必要がありますか。また、ひもは何cm引っ張る必要がありますか。図２、３についてそれぞれ答えなさい。

問３．問１、問２において、定滑車のはたしている役割は何ですか。簡単に答えなさい。

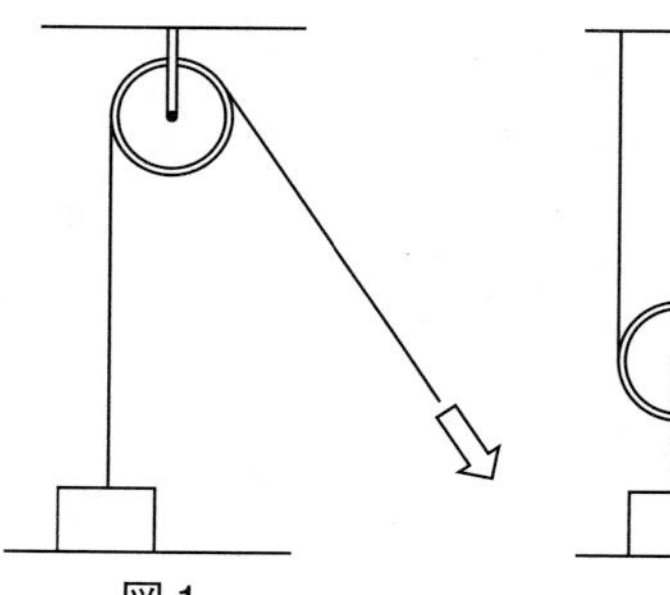
図1

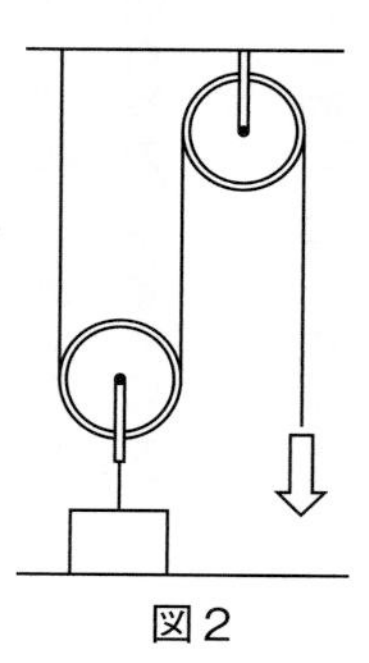
図2

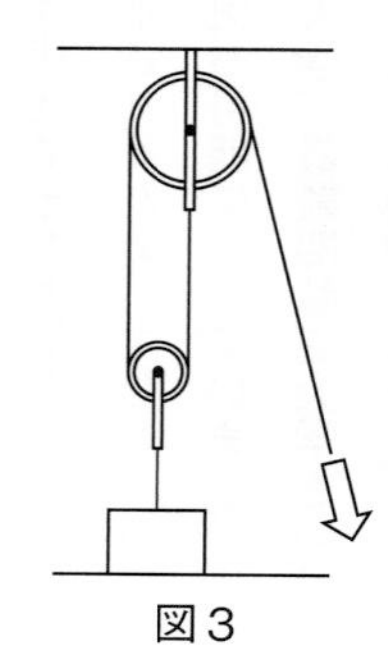
図3

解答　問1. 600g、20cm　問2. 図2：300g、40cm　図3：300g、40cm　問3. 力の向きを変える役割。

学校説明会〈要予約〉

11月14日（土）
12月19日（土）
3月13日（土）※4・5年生対象
すべて10:00～11:30

私立中学の入試問題に

チャレンジ Challenge!

鷗友学園女子中学校

●東京都世田谷区宮坂１-５-30　●東急世田谷線「宮の坂駅」徒歩４分、小田急線「経堂駅」徒歩８分
●TEL：03-3420-0136　●URL：https://www.ohyu.jp/

問題

学くんと友子さんはA町とC町を往復します。

学くんは６時にA町を出発して時速15kmでA町から20km離れたB町へ向かいました。学くんはB町に到着した後，休憩をしました。その後，速さを変え，８時にB町を出発して，B町から30km離れたC町に９時に到着しました。C町で１時間休憩をして，速さを変え，10時にC町を出発し，B町を通過して12時にA町に到着しました。

友子さんは６時にC町を出発してB町で学くんと出会い，休憩することなくB町を通過し，８時30分にA町に到着し，用事を済ませました。その後速さを変え，A町を出発し，B町で学くんとすれ違い，C町に12時に到着しました。

下のグラフは学くんの移動の様子を表したものです。また，友子さんの行きと帰りの速さはそれぞれ一定であるものとします。

(1) 学くんはB町で何分間休憩しましたか。

(2) 学くんと友子さんが最初に出会った時刻を求めなさい。

(3) 友子さんがA町にいた時間を求めなさい。

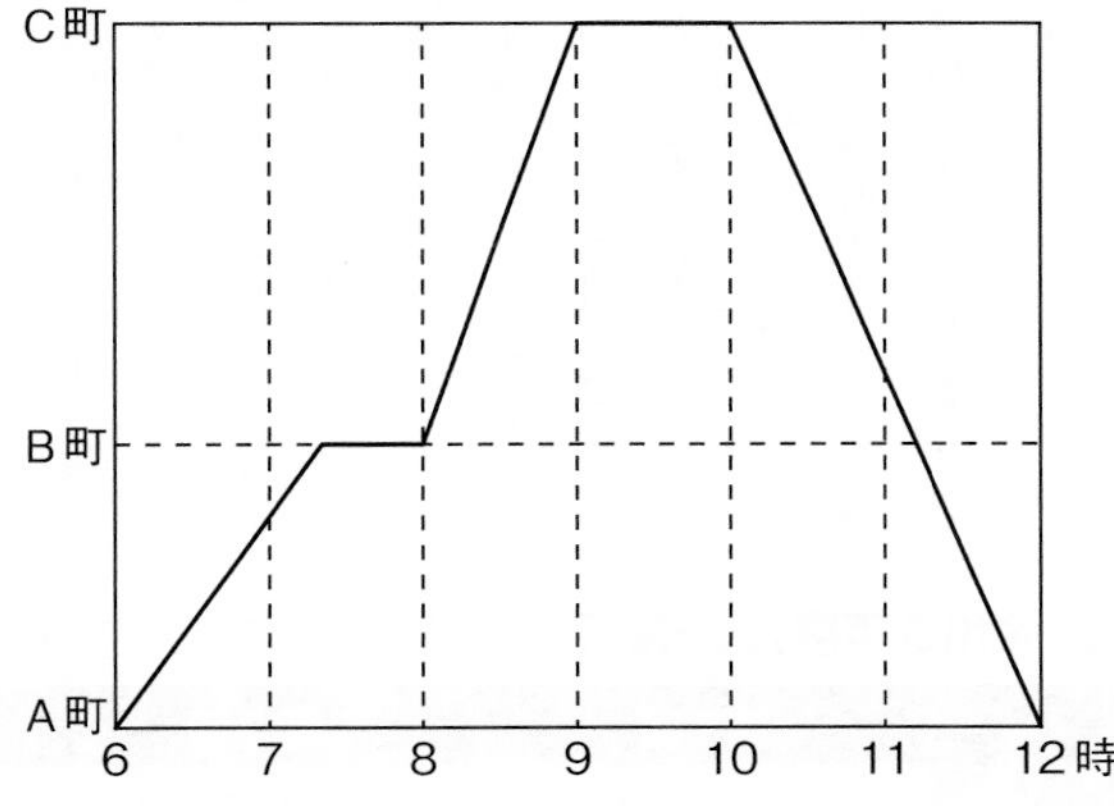

解答　(1) 40分間　(2) ７時30分　(3) ２時間10分

学校説明会〈要予約〉

11月18日（水）10:00～11:00
11月20日（金）10:00～11:00
11月21日（土）10:00～11:00
12月 5日（土）14:00～15:00
12月 9日（水）14:00～15:00

入試対策講座〈要予約〉

12月13日（日）
※6年生限定

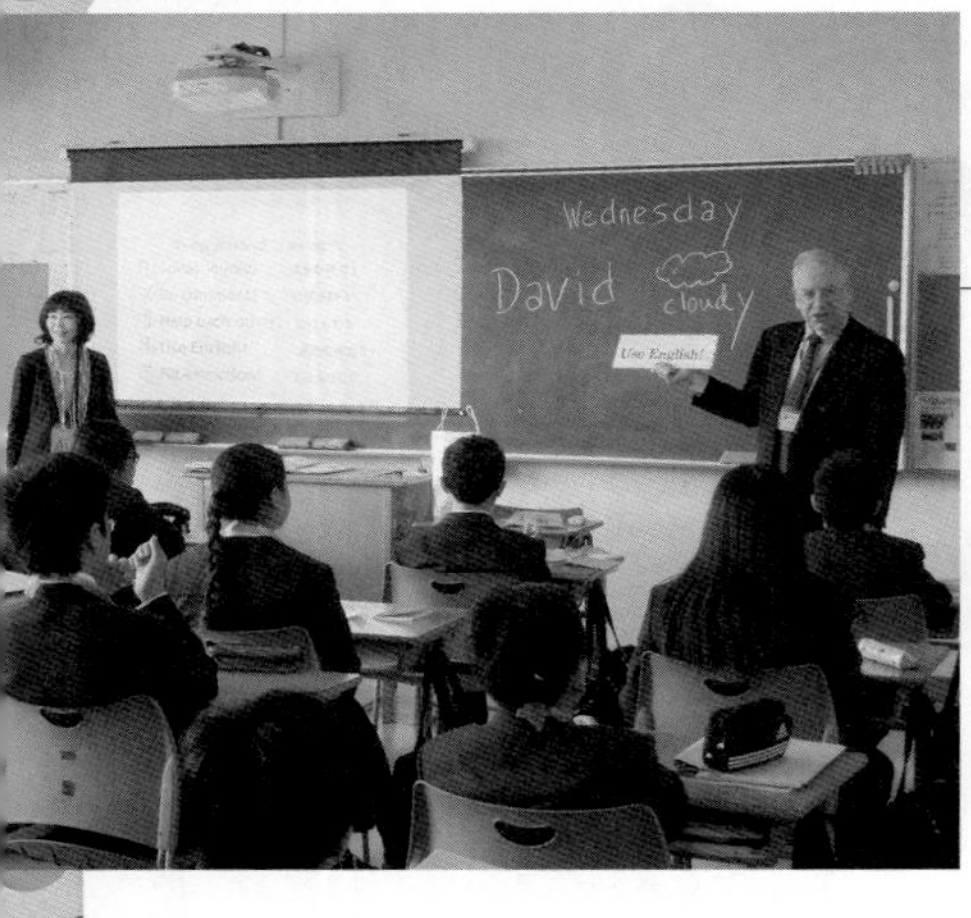

横浜翠陵中学校

Yokohama Suiryo Junior High School　［共学校］

翠陵のグローバル教育

自らの人生を自らの手で切り拓いていく生徒を育成します。

世界で活躍するグローバルリーダーを育てます

校訓「考えることのできる人」のもと、スクールモットー「Think & Challenge!」を掲げ、高い意志を持ち、自らの人生を自らの手で切り拓いていくチャレンジ精神旺盛な生徒の教育を目指す横浜翠陵中学校。2011年の共学化を契機に教育内容、教育環境をより充実させ、進学面でも飛躍的な伸びを示しています。

開校以来、多彩な国際理解教育を実践し、学校にいながら様々な国の人々と交流できる機会がたくさん設けられています。豊富な国際交流プログラムを通して他者を知り、多様な価値観を知り、自分自身を見つめることができます。この「国際理解教育」と「人間力の育成」を柱に、新時代に合わせた様々な改革に積極的に取り組む横浜翠陵のグローバルリーダー育成の教育は、さらに進化しています。

充実した英語教育も特色の一つです。週5時間の英語の授業のうち、2時間でネイティブ教員と日本人教員によるアクティブイングリッシュを実施。「聞く」「話す」を中心に、学習した英語の力を実際に活用する機会になっています。中1・中2で行う「サマーイングリッシュキャンプ」では、総勢10名以上のネイティブ講師とともに、英会話合宿を行います。英語漬けの日々を過ごすことで、英語の「話す」「聞く」のスキルをさらに磨くことができます。そして中学3年間で修得した英語力の実践の場として、中3では夏休みに約2週間、全員がニュージーランドで海外研修を行います。一人一家族でのホームステイや現地の小学生との交流は貴重な経験となっています。

共学化以降は理系教育にも力を入れています。実験・実習などの体験型プログラムで「科学的な思考力・表現力」を養います。中学生対象のサイエンスラボは、専門家の指導による本格的な実験で、食物のDNAの抽出やロボットのプログラミングなどにも挑戦しています。

また、生徒への学習フォローも手厚く行っています。勉強習慣づくり教室や成績個人面談、成績カルテの配付に、日々の学習を記録するチャレンジノートなど、担任はもちろん、学年全体、学校全体で一人ひとりを支援する体制が整っています。

横浜翠陵の教育は時代の流れに合わせて、今も確実に進化を続けています。

2021年度（令和3年度）入試要項　※全日程、インターネット出願になります。

	第1回	第2回	第3回	第4回	第5回
試験日時	2月1日（月） 集合8：45	2月1日（月） 集合14：45	2月2日（火） 集合8：45	2月3日（水） 集合14：45	2月5日（金） 集合8：45
入試区分	一般／英語資格型／適性検査型／帰国生	一般	一般／英語資格型／帰国生	一般	一般
募集定員	男女30名	男女30名	男女10名	男女10名	男女10名

説明会日程

■個別相談会	（要予約）	11月14日（土）9：30～　12月12日（土）9：30～　12月19日（土）9：30～
■模擬入試	（要予約）	11月23日（月・祝）9：30～　1月11日（月・祝）9：30～
■入試問題解説会	（要予約）	12月 6日（日）9：30～

School Data　所在地：神奈川県横浜市緑区三保町1　TEL：045-921-0301　URL：https://www.suiryo.ed.jp/

田園調布学園 中等部・高等部

100年の人生を自分らしく輝くために

建学の精神「捨我精進」のもと、協同探求型授業、土曜プログラム、行事、
クラブ活動など体験を重視した教育活動を展開しています。生徒が学内での活動にとどまらず、
外の世界へも積極的に踏み出していくよう後押しします。

2020年度 学校説明会【要予約】

10月31日(土)13:00～
11月 6日(金)10:00～
12月 5日(土)10:00～ 6年生対象
12月10日(木)19:30～ 6年生対象
1月12日(火)19:30～ 6年生対象

2021年度入試日程

	第1回	午後入試	第2回	第3回	帰国生
試験日	2月1日(月) 午前	2月1日(月) 午後	2月2日(火) 午前	2月4日(木) 午前	12月6日(日) 午前
募集定員	80名	20名	70名	30名	若干名
試験科目	4科(国・算・社・理)	算数	4科(国・算・社・理)	4科(国・算・社・理)	2科(国・算または英・算) 面接

帰国生対象学校説明会【要予約】 10月31日(土)15:00～

※各種イベントは、今後変更の可能性があります。必ず本校ホームページでご確認ください。

詳細はHPまたはお電話でお問い合わせください

〒158-8512 東京都世田谷区東玉川2-21-8
TEL.03-3727-6121 FAX.03-3727-2984

https://www.chofu.ed.jp/

新しい取り組みは学園ブログやFacabookにて更新していきます。ぜひご覧ください。

https://www.chofu.ed.jp/

6年間で最大5ヶ国を訪問
学びの扉を世界に開き
世界レベルでの自己実現を目指す

多摩大学目黒の英語教育の大きな目標の一つは世界中で必要とされる日本人を育てることです。２名のネイティブ専任教員による英会話の授業では英語表現の背景にある文化や習慣、ものの考え方を紹介しながら、幅広い表現力を身につけ、世界中に通用する英語を習得します。さらに６年間で最大５ヶ国を訪問することにより、世界規模で物事を考えることのできる広い視野と世界を相手にしっかり「交渉」できるコミュニケーション力を磨きます。

これらの経験と能力は10年後、20年後に社会人として国内でも海外でも常に必要とされる人物であり続けるための確固たる土台となります。

1人1台iPadを活用、考える力と伝える力を伸ばす！

生徒と教員、また生徒同士をつなぐコミュニケーションツールとして1人1台iPadを活用。学習到達度や指導経過を確認しながら一人ひとりに最善の指導ができます。また調べたり考えたりした内容をiPadにまとめる作業を通して、考える力や伝える力を伸ばします。

大学・官公庁・企業と連携したアクティブラーニング

多摩大学と高大連携を軸に官公庁や企業と連携したアクティブラーニングが始動しました。地域振興や国際会議、起業プロジェクトなど様々な活動に参加することを通して、知的活動の幅を広げます。これらの経験は新たな大学入試に対応する学力を伸ばすことにつながり、大きなアドバンテージになります。

●中学受験生・保護者対象学校説明会 要予約

11/7（土） 10:00～ 授業見学あり

1/8（金） 19:00～

1/9（土） 10:00～ 授業見学あり

●クラブ体験 要予約

（保護者の方はクラブ体験見学または説明会をお選びいただけます）

11/21（土） 10:00～12:00　会場：あざみ野セミナーハウス
※前々日までに電話またはHPにてご予約ください。

●特待・特進入試問題解説会 要予約 ※先着80名限定

12/12（土） 10:00～

●2021年度生徒募集要項

試験区分	進学 第1回	進学 第2回	特待・特進 第1回	特待・特進 第2回	特待・特進 第3回	特待・特進 第4回	特待・特進 第5回
募集人員	38名		特待20名 特進56名				
出願期間	1月10日（日）より各試験当日午前1時まで。（特待・特進第3～5回は当日朝窓口出願可能）						
試験日	2/1（月） 8:30集合	2/2（火） 8:30集合	2/1（月） 14:30集合	2/2（火） 14:30集合	2/3（水） 14:30集合	2/4（木） 10:00集合	2/6（土） 10:00集合
試験科目	2科または4科 （出願時に選択）		4科		２科		
合格発表 （ホームページ）	各試験当日 14:00～16:00		各試験当日 21:00～21:30			各試験当日 14:00～16:00	
合格発表 （校内掲示）	各試験当日 14:00～16:00		各試験翌日 12:00～13:30			各試験当日 14:00～16:00	

全ての日程は、新型コロナウイルスの状況により、日時が変更になったり、中止になったりする可能性があります。実際に予定通り行なわれるかどうかについては、直前に本校HPをご確認ください。

明日の自分が、今日より成長するために…

多摩大学目黒中学校

私学自慢の施設紹介 vol.29

東京都 世田谷区 女子校

鷗友学園女子中学校「LL教室」

洋書に囲まれ、多彩な英語の学習ができる施設

特色ある英語の授業

鷗友にはいろいろな英語の授業が存在します。教科書で学んだことを話したり書いたりするほか、ペアワーク・グループワークで「発信」することで、英語を自分のものにすることを目指しています。また、「LL」という授業では、リスニングや、洋書のリーディングを行います。海外でよく展開される会話や、実際に読まれている本など、「本物」に触れ、「英語に慣れ親しむ」「英語を楽しむ」ことを目的にしています。

これらの授業を行うほか、休み時間や放課後に読書ができ、本を借りることもできます。会話練習しやすいようにデザインされたテーブルと、数多くの洋書が並ぶ書架。他に類を見ない「LL教室」は、鷗友の英語教育の主幹となっています。

LLの授業で使う本は海外の児童書

例えば『Oxford Reading Tree』は海外で親しまれている児童書で、主な登場人物がシリーズにわたって共通しており、その成長や環境の変化を追いながらストーリーを楽しむことができます。生徒は気になった単語の意味やおすすめの本を先生に尋ねるなど、自由な雰囲気で読書の時間を楽しんでいます。

洋書だけで2万冊の蔵書を誇り、探しやすいようにシリーズや読みやすさレベルごとに本が並べられています。たくさんの本を置ける大きな机に、長時間座っていられる柔らかい椅子があり、居心地にもこだわった場になっています。

読書の時間

内容の完璧な理解よりも詰まらずに読み進めることを重視する、いわゆる「多読」という取り組みを行っています。中学3年間で英単語100万語以上に触れることを目標にしています。CD付きの易しい本から読み始めるため、多くの生徒が抵抗感なく純粋に楽しみながら洋書を読んでいます。

▲新しく入ってきた本は手に取りやすいよう紹介ブースが設けられます。

SCHOOL DATA

鷗友学園は1935年に東京府立第一高等女学校の同窓会・鷗友会によって設立されました。創立時よりキリスト教教育を基盤に、「慈愛（あい）と誠実（まこと）と創造」を校訓として心の教育を行っています。この理念のもと、「よろこび」と「真剣さ」あふれる学園を目指しています。

〒156-8551
東京都世田谷区宮坂1-5-30
TEL 03-3420-0136
FAX 03-3420-8782
小田急線「経堂駅」より徒歩8分
東急世田谷線「宮の坂駅」より徒歩4分

誰もが抱える悩みをパパッと解決！

福田貴一先生の福が来るアドバイス

早稲田アカデミー
教育事業第二本部副本部長
福田　貴一

「『わかる』と『できる』は違う」という言葉をよく耳にします。さまざまな経験を積んでいる大人であれば、「わかった」ことはすぐに「できる」のが普通です。しかし、小学生の場合は違います。「わかった」ことを自分で「できる」ようになるためには、自分のなかでしっかりと〝咀嚼〟し、試行錯誤する過程が必要なのです。今回は、「わかる」と「できる」の違いについて書かせていただきます。

「わかる」と「できる」の間にある、大きな壁

「できない」のは「わかっていない」から?

塾へのお迎えの際、お子様に「今日の授業はどうだった?」とお尋ねになることがあると思います。多くの場合、お子様は「うん!　わかった!」とお答えになるのではないでしょうか。ところが、家で宿題をやっているのを見ると、問題を前にして鉛筆が止まってしまっている、どうも解けていなさそうだ……。そのようなお子様の姿をご覧になったことがある保護者の方も多いはずです。

家庭学習でそんな場面を目にした保護者様からご連絡いただくことがあります。「先生、宿題ができていないのですが、授業はちゃんと聞いていますか?　子どもは『わかった』と言っているのですが、本当は『わかっていない』のではないかと心配で……」、そんなご相談です。

もしも授業中に「わかっていなかった」のであれば、私たち講師はお子様の反応からそのことに気付きます。ですから私は、「授業はちゃんと聞いていますし、その場ではきちんと考えて答えも出せていましたから、ちゃんと『わかって』います。ただ、『わかった』ことを自分で『できる』ところまではたどり着いていない部分があるとお考えください」とお答えしています。これは、保護者の皆様に安心していただくためのお答えではありません。お子様の状況を正しく把握していただくためにお伝えしているのです。

そして、「お子様が『できていない』ご様子でも、『わかってないんじゃない?』とはおっしゃらないでください」ともお話ししています。何となくでも「わかった」と思っていたことに関して、お父様やお母様から「わかっていない」と決めつけられてしまうと、自分が「わかった」と思っていた気持ちが揺らいでしまい、自信を失うことにもつながってしまうからです。

「わかる」と「できる」

冒頭でも書かせていただいたように、小学生の場合、「わかった」だけではなかなか「できる」ようにはなりません。ですから、小学生を指導するうえでは、「わからせよう」と教えるのではなく、「できるようにする」ということを意識して教えるのが一番大切だと、私は考えています。

小学校の教科書は、その学齢の生徒であればおおむね「できる」ことを前提につくられていますが、中学入試へ向けた学習のためのテキス

トは違います。中学受験のカリキュラムは、その学齢の生徒にとってはハードルが高いものです。「理解はできても、自分でできるところまではいかない部分＝積み残し」が前提となっているカリキュラムですから、その週に学んだ内容をすべて「できる」ようにするのは、なかなか難しいことです。ですから、新しく学んだ段階では「なんとなくわかっている」レベルで構わない部分も多くあります。逆に言えば、指導する側が「どこまで『できる』ようにするのか」をしっかり考えることが大切なのです。例えば、早稲田アカデミーでは毎週（学年によっては隔週）単元テストを実施しています。「頑張って勉強したら良い点がとれた」という結果はお子様の「やる気」に直結します。ですからテストで出題されそうな問題を重点的に授業で扱い、「できる」ようにしてあげることを意識して指導することもあるのです。

今、どこまで「できる」ことが必要か

早稲田アカデミーのカリキュラム（四谷大塚の予習シリーズカリキュラム）では、同じ単元の学習が、ある程度の期間をおいて何度も出てくるように組まれています。例えば、小４の１月に初めて学習する算数の「速さ」は、その後、小５の一学期に「ダイヤグラム」や「旅人算」でもう一度学習します。さらに、二学期には「速さと比」として、それまでに学習した内容を「比」を利用しながら再度学び直す時期がやってきます。

この点を考えると、次に同じ単元が出てくるときに、どこから学習が始まるのかを理解しておくことが必要になってきます。言い換えれば、次に学習するまでに「できる」ようになっておくべき到達点を把握しておかねばならないわけです。

「今、どこまで『できる』ようになっておくべきか」「そのためにはどのような指導が必要か」を判断するのは、保護者の皆様にとってはなかなか難しい部分だと思います。むしろ、それを見極め、指導をしていくことは講師の責務といえるでしょう。ご家庭で指導される際に、「今の段階でどこまで『できる』ようにしておかなければならないのか」と悩まれた場合は、担当の講師までご相談いただくのがよいでしょう。

生徒が「できる」ようになるために、私が一番心掛けているのは「スタートラインは生徒である」ということです。早稲田アカデミーの講師へ向けた研修でも、「使用する『教材・テキスト』を指導のスタートラインにするのではなく、教わる『生徒』から考え始めるようにする」ということをよく伝えています。「この問題を、このクラスの生徒たちが『できる』ようになるためには、どう噛み砕いて教えればよいのか。授業中どんな問題に取り組ませ、どうやって解説するのがよいのか」。私自身、常にそんなスタイルで授業の準備をしています。ご家庭でも、テキストの解答や解説をそのまま伝えるのではなく、「どこでつまずいているのか、どのポイントをクリアすれば解けるようになるのか」、そんな風に考えてお子様に接していただくことをおすすめします。

あらためて知る
和食の魅力

皆さんが好きな料理は何ですか？　イタリアンに中華、韓国料理やインド料理……。
では、「和食」はどうでしょう。「お家で食べる料理だし、ちょっと地味だなあ」なんて思わないでください。
和食は「ユネスコ無形文化遺産」に登録されている、世界に誇る日本の料理。身近で、とても奥深い食文化なのです。
今回は東京すし和食調理専門学校の学校長 渡辺勝先生に、和食の魅力について教えていただきました。

「無形文化遺産」とは……？

芸能や伝統工芸の技術など、その土地の歴史や生活と密接に関わっている“形のない文化”のこと。ユネスコでは、無形文化遺産の大切さを世界に広めるための登録制度を実施しており、和食は2013年に登録されました。

教えていただいたのは…

学校法人 水野学園
東京すし和食調理専門学校
学校長
渡辺（わたなべ） 勝（まさる）先生

和食の魅力 その❶

自然を味わい、季節を愛でる四季折々の食材

和食には、季節や地域によってさまざまな食材が使われます。食材の種類が豊富な理由は、日本の地形にあります。日本は南北に長い島国で、北と南では気候に大きな差があります。また、世界的にも珍しいほどはっきりとした四季があります。さらに、四方を海に囲まれていて、内陸には山岳地帯も多いため、「海の幸（さち）」「山の幸」に恵まれています。このため、日本各地で四季折々の多彩な食材が手に入るのです。これらの食材を生かす調理法が各地域で生まれ、地域ごとの「郷土料理」として発達していきました。

和食では、その季節にとれる食材を使うだけでなく、さまざまな方法で四季を楽しみます。例えば、「器使（うつわづか）い」。春には桜の花の絵柄がある器を使ったり、秋には菊や紅葉がデザインされたものを使ったりと、器でも季節感を楽しむものです。また、和食料理店では店内に飾り付ける花や掛け軸なども季節に合ったものを選び、お客様をもてなします。

走（はし）り・旬（しゅん）・名残（なご）り

食材が最もたくさん手に入り、おいしい時期のことを「旬（しゅん）」といいます。そして、旬より少し早い時期のことを「走り」、反対に旬を少し過ぎた時期を「名残り」と呼んでいます。走りの時期にはその季節の到来を喜び、名残りの時期には旬が終わるのを惜しむ、というように、1つの食材を季節の移ろいと一緒に楽しむのです。

渡辺先生、教えてください！

Q. どうして冬至にカボチャを食べるの？

冬至は1年で最も昼が短く、暗い夜の時間が長い日であることから、古くは不吉な日とも、ここから運気が上がっていく開運日とも考えられていました。そこで、厄払いのために栄養豊富なカボチャを食べるようになったのです。カボチャは夏が旬ですが、冬まで保存がきく貴重な食材でした。また、昔は「ニンジン」「レンコン」「ギンナン」など、"ん"が2つ付くものを食べると厄が払えるといわれていて、当時「ナンキン」と呼ばれていたカボチャを食べるようになったともいわれています。

和食の魅力 その❷

"ヘルシー"と"うまみ"の秘訣！「だし」と「発酵調味料」

和食の味付けの基本に使われる「だし」は、かつお節や昆布、シイタケ、いりこ（煮干し）などを煮てうまみを抽出したものです。その特長は、何といっても脂肪分がほとんど含まれていないこと。例えば、かつお節の原料となるカツオは脂の多い魚ですが、これをゆでて燻製にし、さらに発酵させることで、かつお節にはほとんど脂分が残りません。さらに、しっかりとしたうまみは塩分を控えることにもつながります。

また、和食には「しょうゆ」「みそ」「酢」「みりん」といった発酵調味料を使います。最近、これらの発酵調味料には腸内環境を整える機能があることがわかってきました。だしと発酵調味料を使う和食は、とても健康効果が高い料理なのです。

和食の魅力 その❸

知らない間にベストバランス！一汁三菜

和食には、「一汁三菜」というスタイルがあります。これはご飯に対して「一つの汁」と「三つの菜（おかず）」を加えた献立です。おかずのうち、一つは肉や魚などを使った主菜、二つは野菜中心の副菜とします。この一汁三菜を調理する際、五味（あまい・しょっぱい・すっぱい・苦い・うまみ）や五色（黒・白・赤・青・黄）を意識すると、自然とおいしさや栄養のバランスが取れた献立になります。

一汁三菜 配膳の決まり

主菜の左右に副菜
奥の中央に主菜
手前の左側にご飯、右側に汁もの
漬物がある場合は、ご飯と汁ものの間に置く

渡辺先生、教えてください！

Q. 和食料理店で食事をするとき、気を付けた方がよいことはありますか？

器の取り扱いに注意しましょう。和食料理店で提供される器のなかには、とても高価なものがあるんですよ。不用意に重ねたり乱暴に取り扱ったりして一枚でも傷付いてしまうと、同じ柄の食器が全て使えなくなってしまうこともあります。といっても、緊張する必要はありません。器に込めた「おもてなし」の心を皆さんが受け取り、大切に扱ってくれたら、料理をした人はとてもうれしいと思います。

和食の魅力 その❹

つくる人、食べる人の心遣いを伝える工夫とマナー

和食には、「隠し包丁」という技術があります。これは、「食べる人がおいしく、食べやすく味わえるように」という料理人の心遣いを込めた技術です。また、和食では箸の使い方にいくつかマナーがありますが、これも「食事の雰囲気を壊さずにみんなが楽しく、おいしく料理を味わうため」という心遣いから生まれたものです。

「いただきます」というあいさつは、料理をつくってくれた人だけでなく、「命をいただきます」という食材への感謝も込めた言葉。和食は、つくる人、食べる人それぞれの思いやりが込められた食文化なのです。

取材協力
学校法人 水野学園
東京すし和食調理専門学校
https://sushi-tokyo.jp/

日本で唯一、すしと和食を専門に教える調理学校。日本だけでなく海外からも、和食の道を志す若者たちが集まります。調理技術だけでなく「日本の文化」「おもてなしの心」も学んだ学生たちは、卒業後、日本中、そして世界で活躍しています。

〒154-0001 東京都世田谷区池尻2-30-14
TEL 03-5431-5961

帰国生受入れ校
訪問記

帰国生を積極的に受け入れている学校の魅力に迫ります。

広尾学園小石川中学校

東京都／私立／共学校

２０２１（令和３）年、村田女子高等学校が共学化し、さらに中学校も併設して「広尾学園小石川中学校・高等学校」として開校します。「自律と共生」の教育理念を根本に据え、明治にまでさかのぼる村田学園の歴史・伝統を重んじるとともに、教育連携校である広尾学園中学校・高等学校のプログラムとシステムを積極的に導入します。今回は、教頭の奥田先生と英語科部長の高橋先生にお話を伺いました。

――御校での帰国生ならびに国際生の受け入れ体制を教えてください。

奥田先生　インターナショナルコースには「アドバンストグループ（以下ＡＧ）」と「スタンダードグループ（以下ＳＧ）」の２グループを設けています。英語をすでにコミュニケーションの道具として使える生徒はＡＧで、将来英語を道具として使えるようになりたい生徒はＳＧで募集します。各クラスはこの２つのグループの生徒が半分ずつ混在し、ホームルームや一部の芸術科目は一緒に授業を受けます。つまり、クラスの半分は英語が堪能な生徒ということです。また、担任は外国人教員と日本人教員のダブル担任制で、朝から英語をシャワーのように浴びます。ですから、ＳＧの生徒たちにとって、１学期末には担任の話す英語が大体理解できるようになるのが目標となります。反対に、海外生活が長かったＡＧの生徒は日本の生活に慣れるために、ＳＧの仲間に手助けをしてもらうことがあるでしょう。互いに成長でき、将来どの社会においても柔軟に活躍できる人材を育てる体制づくりを行っています。

奥田先生

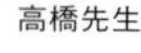

高橋先生

本物と出会い、自身の可能性を拡げる。

――「本科コース」ではどのような教育が行われるのでしょうか。

奥田先生　１２０名の募集定員のうち約40名が本科コースに在籍します。本科の生徒たちもインターナショナルコースの生徒たちに刺激を受けますし、英語に触れる機会も多いでしょう。また、その分野の第一線で活躍する人の話を聞いたり、実際に様々な場所に出向いたりして「本物に触れる」経験を積む機会をたくさん設けたいと考えています。それが生徒一人ひとりの「夢をかなえる」力になっていくと思います。

――各コースで学んだ生徒たちの卒業後の進路はどのようなものをイメージされていますか。

高橋先生　本校は、広尾学園と同等・同質の教育をめざします。したがって卒業後の進路においても広尾学園と同様のサポートをしていきます。例えば、海外大を志望する生徒がいるのであればそれに合わせて対応していきますし、広尾学園の持つ豊富な情報を活用していきます。

――入試に向けて、各科目の学習のポイントなどはありますか。

高橋先生　ＡＧはほぼ全ての科目が英語で行われますので、「授業についていけるだけの語彙力」が必要です。海外大進学も視野に入れたコースですので、適切な文法・語彙を用いて、論理的かつある程度のボリュームのある文章が書ける力を身に付けることが大切です。

奥田先生　ＳＧと本科の国語は、基礎力を幅広く確認するねらいで出題しますが、広尾学園の一般入試の過去問題で慣れていただくことをおすすめします。

――最後に海外に住んでいる生徒や帰国生にメッセージをお願いします。

奥田先生　広尾学園と同等・同質の教育をめざすにあたり、広尾学園より14名の教員が、そして他校で豊富な経験を積んだ教員が新たに本校に加わります。繰り返しになりますが、「広尾学園の教育を受けるチャンスが広がった」とご理解いただくと分かりやすいと思います。ぜひお待ちしています。

高橋先生　２０２１年度の新たなスタートに向け、学園の教員一同、非常に楽しみにしながら開校準備を進めています。中学・高校時代の良質な体験や出会いは生涯を通じて貴重な財産になります。「広学スーパーアカデミア」などのキャリア教育プログラムなど、自信を持ってご紹介できるカリキュラム・授業をご用意しています。

取材／高津佑太（早稲田アカデミー国際部）

〒113-0021
東京都文京区本駒込2-29-1
（都営地下鉄「千石駅」徒歩2分／
東京メトロ「駒込駅」徒歩12分／
JR「巣鴨駅」「駒込駅」徒歩13分）
TEL：03-5940-4187
URL：https://hiroo-koishikawa.ed.jp/

入試情報

2021年度　帰国生入試情報

方式	国際生第1回AG	国際生第2回AG	国際生本科・SG
募集人数	30名		若干名
出願期間	2020年10月12日（月）〜2020年10月23日（金）	2020年11月24日（火）〜2020年12月4日（金）	
試験日	2020年11月3日（火）	2020年12月14日（月）	2020年12月15日（火）
合格発表日	2020年11月4日（水）10:00掲示・11:00Web	2020年12月16日（水）13:30掲示・15:00Web	
選考方法	英語・算数（英語による出題）・国語・面接（英語・日本語）		国語・算数・面接

はじめての
第４回
帰国生入試

面接試験の対策

11月以降、帰国生入試が本格的に行われるにあたり、受験校の最終確定および出願準備をする時期になりました。今年は新型コロナウイルスの影響もあり、一部の学校では入試内容や受験資格要件などを変更しているため、必ず最新の募集要項をよく確認してください。また、海外で通っていた学校の成績や調査書を取り寄せなければいけない場合もありますので、余裕をもった出願準備を心がけましょう。

さて、今回のテーマは、「面接試験の対策」についてです。

一般入試とは異なり、帰国生入試では多くの学校で面接試験が課されます。選抜試験においての面接試験の比重は学校によって異なりますが、実施の背景には学科試験では測れない受験生のポテンシャルを確かめたいという意図があるのでしょう。面接では、コミュニケーション能力や言語表現能力、論理的思考能力はもちろんのこと、海外経験を通じてどのような成長を遂げたのかが問われます。事前に海外での生活で得られた学びを明確に言語化しておくことが肝要です。

面接試験の質問は大きく次の４種類に分けられます。

①聞かれたらすぐに答えられる質問
②思い出して答えられる質問
③準備が必要な質問
④その場で考える質問

1つ目の「聞かれたらすぐに答えられる質問」とは、受験番号や名前のような基本情報を聞く質問です。このタイプの質問は大丈夫でしょう。2つ目の「思い出して答えられる質問」は、「滞在国と滞在期間」「自宅から受験校までの通学経路と所要時間」といったものです。こちらも事前の準備はそれほど必要ないはずです。

一方で、３つ目の「準備が必要な質問」の代表例は、志望理由や将来の夢、最も印象に残っている本です。多くの学校でよく聞かれる質問ですので、事前に回答を用意し、スムーズに答えられるようにしておきましょう。逆に、そうした質問に対して詰まってしまうと準備不足だと見られてしまいます。もちろん、必ずしも用意した回答がすべて聞かれるわけではありませんが、想定できる質問に対しては入念に準備をしておくことに越したことはありません。

最後に、「その場で考える質問」です。これは、例えば、「日本の学校の授業に足りないと思うことは何ですか」といった、事前に想定して準備しておくことが難しいタイプの質問です。受験生にとって想定外の質問だということを前提としているため、完璧な答えが求められているのではないという点がポイントです。すなわち、受験生の対応力を試す質問だと言ってもよいでしょう。これに対しては、①自分の経験を組み合わせて答える、②用意していた回答につなげるという2つの対応方法があります。いずれにせよ、面接の練習の際には、事前に想定できないような種類の質問も織り交ぜながら練習すると有効でしょう。

髙津 佑太（早稲田アカデミー国際部）
国内ではＮＮ駒場東邦クラス算数担当として活躍。海外では早稲田アカデミー提携塾に勤務し、台北・上海の校舎にて受験指導にあたる。現在早稲田アカデミーの帰国生指導責任者として、海外生・帰国生向けの多くの講座・セミナーやカウンセリングを担当。

ニシアフリカコガタワニ

サクセス動物園

#12 ワニ・カメ

体の大きさも食べ物もすむところも、みんな違うからおもしろい！　生き物のさまざまな魅力を専門家の方に教えていただく「サクセス動物園」。今回は、は虫類の仲間である「ワニ」と「カメ」について、野毛山動物園の大滝侑介さんに教えていただきました。

ワニ&カメ YES! NO! クイズ
記事のなかに答えがあります！

Q1　ワニやカメの仲間が地球に誕生したのは、人類と同じ時期。 YES! NO!

Q2　ワニは歩くのも泳ぐのも、ジャンプするのも得意。 YES! NO!

Q3　首を甲羅の中に引っ込められないカメもいる。 YES! NO!

卵がかえるまでの温度でオス・メスが決まる!?

ほ乳類の生物学的な性別は、遺伝子によって決まります。しかし、は虫類のなかには、性別が遺伝的には決まっておらず、卵がかえるまでの温度によって決まる種類がいます。例えば、ある一定期間温度が低いとオス、高いとメスが多く生まれたり、その逆だったりするのです。特にワニは、約半数近い種類でこのような現象が確認されています。

「は虫類」ってどんな生き物？

は虫類は、動物をいくつかに分けたときの1つのグループで、ワニ、カメ、トカゲ、ヘビなどが含まれます。①卵で生まれる、②表皮が変化したうろこで覆われている、③ほ乳類や鳥類と違って自分で体温を調節するのが不得意、といった特徴があります。は虫類は、ほ乳類である私たち人間などよりもずっと昔から地球上に存在していました。なかでもワニやカメの祖先は、恐竜と同じ「三畳紀」（今から約2億年前ごろ）に出現したと考えられています。

ワニ大図鑑

知っているようで、意外と知らない!?
は虫類の体のひみつや生態について、
大滝さんにくわしく教えていただきました。

野毛山動物園
飼育展示係
大滝 侑介さん

ワニ／恐竜／鳥類

見た目は全く異なりますが、実はワニと鳥類は「主竜類」という同じグループに分類されます。「主竜類」とは、かつて地球上で繁栄していたは虫類のなかの大きなグループで、恐竜類や翼竜類も含まれます。つまり、ワニと恐竜、そして鳥類はとても近い距離にいる生物なのです。そのため、群れでの行動や鳴き声によるコミュニケーションなど、ワニと鳥類の生態には似ているところがいくつもあります。

ワニが口を開けているのは？

ワニは皮ふを通して汗をかくことができないため、口のなかの水分を蒸発させることで体温を下げます。そのため、口を大きく開けたままじっと静止していることがあるのです。

手足と尾

カメやトカゲの手足は、体の側面に突き出すように付いています。一方、恐竜の手足は腹面から体の下にまっすぐ伸びているため、効率よく体を支えることができます。ワニの体の構造はどちらかというと恐竜に近いため、かなりのスピードで歩くことができます。また、泳ぎも得意で、獲物を襲うときには非常に速く泳ぐこともあります。さらに、筋肉質の大きな尾を打ち振るって、まるでイルカのように水面から空中にジャンプすることもあります。

野毛山動物園のワニたち

アリゲーター科

- 口先の幅が広い
- 口を閉じたとき歯が見えない

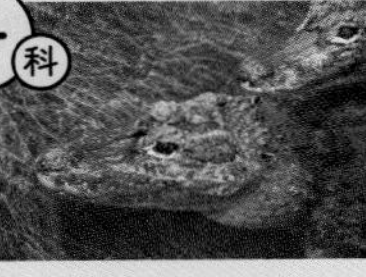

ヨウスコウワニ

分布：中国東部（揚子江下流）
体長：通常約1.5メートル

川岸などにトンネルを掘って生活する。比較的気温の低い地域に分布しているため、ワニのなかで唯一冬眠する。口先は短くて幅が広く、やや上を向いている。

クロコダイル科

- 口先の幅が狭い
- 下アゴの歯が出ている

ニシアフリカコガタワニ

分布：アフリカ大陸中西部（アンゴラ、ガーナなど）
体長：通常約2メートル

熱帯雨林の川や沼地、ため池に生息する。ワニのなかでは小型の種類で、尾も短め。肉食で、魚類・両生類・甲殻類、貝類などを食べる。

ガビアル科

- 口先が細長い

インドガビアル

分布：インド北部・バングラデシュ・ネパールなど
体長：通常約4〜6メートル

主に魚類を食べる。細くて水の抵抗が少ない口先をすばやく動かして、泳ぐ魚をとらえる。オスは口先に球根のようなこぶがあるのが特徴。

大滝さんより「小学生の皆さんに考えてほしいこと」

動きの少ないワニですが、実はよく周囲の人を見ています。周りの様子がいつもと違うと、エサを食べないこともあるんですよ。ワニは、皮（ワニ革）をとるために乱獲されたり生息地の環境破壊が進んだりしたために、その数を減らしています。野毛山動物園に遊びに来たときには、動物たちを楽しく観察しながら、動物たちの「野生の現状」についても知ってほしいな、と思います。

カメ大図鑑

甲羅

カメの甲羅は、多くのブロック（甲板）が組み合わさってできています。背中側の甲羅（背甲）とお腹側の甲羅（腹甲）に大きく分けられ、この２つはいくつかの甲板でつながっています。また、甲羅は二重構造になっていて、肋骨が板状に変化した骨状の甲羅の外側に、皮ふが変化して角質化した薄い甲羅が重なっています。

首の隠し方

カメは、危険を感じると首を甲羅の中に引っ込めます。日本に生息しているカメの仲間は、全て首を縦に（S字型に）まっすぐ曲げて甲羅の中に隠す「潜頸類」です。しかし、カメのなかには首を横に曲げ、背甲と腹甲の間に収めて隠すタイプもいて、これを「曲頸類」と呼んでいます。またワニガメのように、首を引っ込められないカメもいます。

野毛山動物園では、2020年2月・4月にヘサキリクガメの赤ちゃんが生まれました！

・ 野毛山動物園のカメたち ・

ヘサキリクガメ

分布：マダガスカル島北西部
甲長：約45センチメートル

のどの下の甲羅の一部が、船のへサキのように伸びているのが名前の由来。世界で最も絶滅の危機に瀕しているリクガメといわれている。草食性。

ニホンイシガメ

分布：日本の本州、四国、九州など
甲長：14〜20センチメートル

日本の固有種で、水がきれいな川やその周辺の水田などに生息する。背中の甲羅はやや長いだ円形で平べったく、後ろにギザギザの切れ込みがある。雑食性。

トウブハコガメ

分布：アメリカ東部
甲長：約20センチメートル

背中の甲羅にはオレンジ色や黄色の模様が入っていて、上からながめると丸く見える。驚くとお腹の甲羅にあるちょうつがいを閉じて、完全に頭や足を隠すことができる。雑食性。

ワニガメ

分布：アメリカ南部
甲長： 約80センチメートル

淡水にすむ大型のカメ。水底で長時間口を開けて舌の先をミミズのように動かし、魚をおびき寄せて捕らえる。肉食傾向の強い雑食性。

INFORMATION

野毛山動物園

http://www.hama-midorinokyokai.or.jp/zoo/nogeyama/

コンセプトは「誰でも気軽に訪れ、憩い、癒される動物園」。お散歩感覚で回れる園内では動物たちを間近に見ることができ、体のつくりや細かい仕草までじっくり観察することができます。

〒220-0032 神奈川県横浜市西区老松町63-10
TEL 045-231-1307（管理事務所）
●開園時間／9：30〜16：30（入園は16：00まで）
●休園日／毎週月曜日（祝日の場合はその翌日）・年末年始（12/29〜1/1）
●入園料／無料
※情勢によって営業形態が変化する場合があります。事前にWebサイトをご確認ください。
●アクセス／JR根岸線・横浜市営地下鉄「桜木町駅」より徒歩15分
「桜木町駅」より市営バス89系統「一本松小学校」行き、
「野毛山動物園前」下車すぐ

みんなの動物アンケート

回答欄は128ページ！

〈前回の結果〉

ホッキョクグマ・セイウチ・ペンギンのうち一番人気が高かったのは…

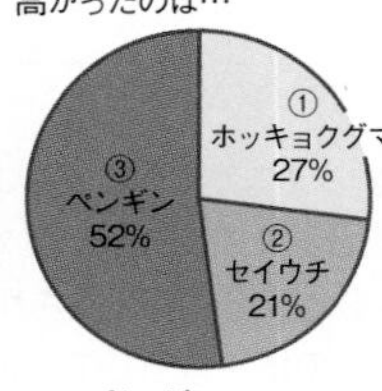

ペンギンでした！

は虫類のなかで、あなたが一番「かっこいい！」と思うのは？

①水辺では唯一無二の最強ハンター！ **ワニ**
②100年以上生きる種類も！
静かに時を見つめる **カメ**
③古くから"聖なる力"を持つと
考えられている **ヘビ**
④身近なヤモリから変幻自在の
カメレオンまで！ **トカゲ**

感想と一緒に送ってください。次号で結果を発表します！

クイズの答え　Q１：NO　Q２：YES　Q３：YES

知ると誰かに話したくなる！

ねえ、知ってる？

"二枚目"ってどんな人？ 歌舞伎から生まれた言葉

【クイズ】

美男のことを表す「二枚目」は、もともと歌舞伎から生まれた表現で、ある特定の役柄を演じる俳優を指す言葉でした。さて、それはどんな役柄だったでしょうか？

❶悪をやっつけるヒーロー役

❷ラブストーリーの相手役

❸みんなを笑わせるおどけ役

私たちが普段何気なく使っている言葉のなかには、はじめは限られた世界で使われていましたが、次第に一般的に広まっていったものがいくつかあります。今回は、歌舞伎の世界から生まれた言葉をいくつか紹介します。

例えば、クイズで紹介した「二枚目」という言葉。今この記事を読んでいる男子の皆さんが、誰かから「君は二枚目だね！」と言われたら、それは「格好いいね！」とほめられていることになります。辞書を引くと、二枚目は「美男」という意味ですから、狭い意味でいえば"容姿が優れている"というほめ言葉です。ただ、同じように容姿をほめる言葉である「イケメン」が、最近では性格や振る舞いなども含めた"素敵な男性"を表す言葉になっているように、二枚目も今では、広く"格好いい男性"といった意味だと考えていいでしょう。では、二枚目とは、本来どういう人を指す言葉だったのでしょうか？

二枚目

「二枚目」という言葉の始まりは、歌舞伎そのものずばり、歌舞伎の劇場に掲げられた看板の位置です。江戸時代、歌舞伎の劇場では役柄によって掲げられる看板の位置が決まっていました。そのうち、右から2枚目には決まって、男女の恋愛模様、つまりラブストーリーの男役を演じる、若くて女性に人気のある俳優の名前が掲げられました。このため、二枚目という言葉が柔和で優しい雰囲気のある美男の代名詞となったのです。

「"2枚目"の看板があったということは、"1枚目"や"3枚目"もあったの？」と思った人、その通りです！「八枚看板」といって、劇場前には一座の主要な俳優8人の名前が掲げられていました。そのうち1枚目に名前が書かれるのは、その一座で人気の若手俳優。そして3枚目には、「道化役」と呼ばれるこっけいな役を演じる俳優の名前が掲げられました。「二枚目」と同じように「三枚目」という言葉は今でも慣用的に使われていて、こっけいな発言や振る舞いで周囲を引き立てる人のことをこのようにいいます。ちなみに、一座のリーダーである「座頭」の名前は、最後にあたる8枚目に掲げられていたそうです。

黒幕

「あの人が政界の黒幕だ」という表現があります。この「黒幕」という言葉の語源は、歌舞伎で場面の変わり目に舞台を隠したり、闇を表現したりするために使う黒い木綿の幕です。観客からは黒い布が見えているのですが、歌舞伎の約束事では「黒＝見えないものの象徴」ということになっています。この黒い幕を操る人は、観客から舞台を"見えないこと"にし、その間にストーリーを進めてしまいます。このことから、表舞台にいる人を裏から操ったり、陰から指図したりする人のことを「黒幕」というようになったのです。他にも、「幕を引く」「のべつ幕なし」なども、歌舞伎の"幕"に関係する表現です。

花道

歌舞伎の劇場には、舞台の下手（向かって左側）から観客席のなかを貫く通路があります。この通路の名前が「花道」。一説には、観客が俳優に「花」と呼ばれる贈り物を渡すために設けられたことから、こう呼ばれるようになったといわれています。歌舞伎では、主役や敵役などの大切な役を演じる俳優が花道を通って登場・退場したり、花道の上で見せ場を演じたりします。この意味が転じて、「人々の注目を集める華々しいさま」を表す言葉になりました。

新型コロナウイルス感染症拡大防止のため、今年は多くの歌舞伎公演が中止になってしまいました。でも、日本人に長い間愛されてきた歌舞伎は、身近な言葉にも影響を与えているのです。「さしがね」や「正念場」、「幕ノ内弁当」に「助六ずし」。皆さんの身の回りにも、まだまだ"歌舞伎に関係する言葉"が隠れているかもしれませんよ。

答え／❷

キャンパスのある町を歩こう

文京区
本郷編

町には、個性があります。大学の歴史や校風の影響を受けながら発展してきた〝キャンパスのある町〟。
大学生になった君が歩くのは、どんな町でしょうか？
東京大学・本郷地区キャンパスがある文京区・本郷周辺を、誌面で一緒に散策してみましょう！

武家地跡に誕生した東京大学

東京大学が文京区・本郷の地に設置されたのは、1877（明治10）年のこと。文京区には、江戸時代まで多くの武家地がありました。明治時代に入ると、この武家地の跡が大学や高等教育機関の敷地として利用されるようになりました。東大・本郷地区キャンパスも、加賀藩上屋敷などの武家地跡につくられています。

「本郷キャンパス」「浅野キャンパス」「弥生キャンパス」の3つからなる本郷地区キャンパスの敷地は広大。周辺には千代田線「根津駅」「湯島駅」、南北線「東大前駅」など地下鉄の駅がいくつかありますが、今回は丸ノ内線「本郷三丁目駅」から散策を始めましょう。駅の改札は地上に一つ。改札を出て右に続く道を行くと、すぐに大きな「本郷通り」にぶつかります。左に曲がると、「春日通り」との「本郷三丁目交差点」です。この交差点を越えてまっすぐに進むと、本郷地区キャンパスです。歩き進めると、やがてレンガ塀が見え、見覚えのある赤い門に到着します。東京大学といえば、この「赤門」を思い浮かべる人も多いのではないでしょうか。一方で、〝赤門が東大の正門〟と勘違いしている人もいるかもしれません。赤門は、加賀藩上屋敷にあった門の名残りで、江戸時代である1827年につくられたもの。赤門を右手に見ながら1～2分進むと、1912（明治45）年、建築家・伊東忠太によって設計された「正門」が見えてきます。

学生の町 学問の町として発展

東京大学が誕生したことで、本郷は「学生の町」「学問の町」として発展していきました。そのため、本郷通りには、今でも専門書を扱う古書店が軒を連ねています。また、出版社や印刷・製本会社なども多く集まりました。

今では少なくなってしまいましたが、本郷には昭和のころまで多くの旅館がありました。そのルーツは、明治時代、全国から集まる学生のためにつくられた「下宿屋」だといわれています。その後、学生がアパートなどを好むようになったことで、多くの下宿屋が旅館に生まれ変わりました。「鳳明館」もその一つ。風情ある木造の建物は1905（明治38）年に建てら

東大生アシストスタッフ※に聞きました! **東大の魅力 本郷の魅力**

Q. キャンパスの好きな場所、よく利用する場所は？

- 総合図書館は、広くてとても静か。落ち着いた雰囲気で歴史を感じます（修士1年）
- 工学部7号館の研究室をよく利用します。コンピュータや大規模実験施設が充実しています（修士2年）
- 御殿下体育館は、ジムやプール、バスケットコートなどを安価な費用で利用できます（修士2年）

Q.「本郷らしいなあ」と感じるスポットは？

- 古書店が立ち並ぶ本郷通り（修士2年）
- 上野恩賜公園や不忍池。すぐ近くなんですよ（修士1年）

※アシストスタッフ…早稲田アカデミー大学受験部で、生徒からの質問や進路相談に応じる難関大学の学生スタッフ。

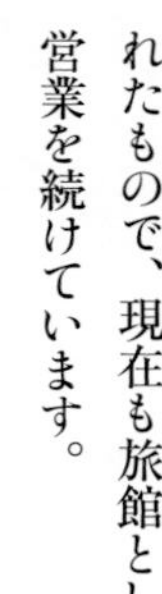

れたもので、現在も旅館として営業を続けています。

坂と階段 多くの作家が住んだ町

本郷は「山の手」と呼ばれる台地に位置しているため、坂や階段が数多くあります。

本郷三丁目交差点を渡ってすぐの道を左へ折れると「菊坂」。この坂の周辺には、明治から大正時代にかけて多くの作家が暮らしていました。例えば、女流作家の樋口一葉もその一人です。建物自体は残っていませんが、井戸や木造家屋、急な階段が残る路地からは、その当時の雰囲気を感じることができます。父に代わって一家の暮らしを支えていた一葉が、お金に困ったときに駆け込んだといわれている「伊勢屋質店」も、すぐそばに残っています。また、本誌7・8月号で紹介した宮沢賢治も、一時期本郷に暮らしていました。

本郷は、日本で最も長い歴史を持つ「キャンパスのある町」。明治時代からの雰囲気を残す町中を、今日も学生たちが元気に行き来します。

千代田線
根津駅
弥生キャンパス
南北線
東大前駅
浅野
キャンパス
古書店の
店先
正門
東京大学
本郷キャンパス
鳳明館
伊勢屋質店
赤門
宮沢賢治
旧居跡
樋口一葉
旧居跡
菊坂
本郷三丁目
交差点
春日通り
丸ノ内線
本郷三丁目駅
本郷
通り

提供：跡見学園女子大学

おうちでつくれる
世界のレシピ

Repubblica
Italiana
イタリア共和国

ラザニア

世界にはさまざまな文化や伝統があるように、その土地ならではのおいしい食べ物があります。

そんな世界各地の食べ物をご家庭で簡単につくれるレシピをご紹介します。

ヨーロッパ南部に位置し、日本とよく似た地形の特徴をもつイタリア共和国の『ラザニア』です。

イタリア共和国ってどんな国？

首都：ローマ
面積：30.1万平方キロメートル（日本の約4/5）
人口：6.046万2千人（2020年国連推計値。日本の約半分）
言語：イタリア語
通貨：ユーロ€(euro)

出典：外務省HP

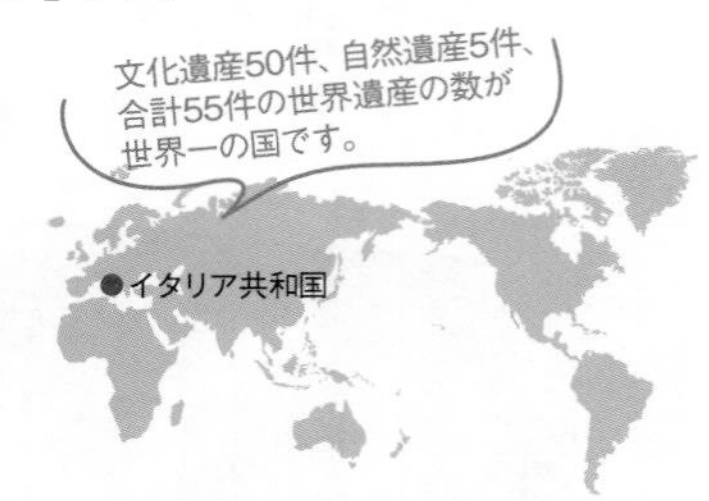
文化遺産50件、自然遺産5件、
合計55件の世界遺産の数が
世界一の国です。
●イタリア共和国

『ラザニア』って何？

平たいパスタの一種で、耐熱容器にベシャメルソース、ミートソース、チーズ、ラザニアを重ねてオーブンで焼いたものが、イタリアカンパニア州ナポリの名物となっています。

古代ローマ人が使用していた料理用の浅い鍋を意味する「ラサヌム(lasanum)」が語源となっており、ラサヌムでつくるパスタ料理から転じて「ラザニア」となったそうです。


本格的なレシピにチャレンジ！

ラザニアをつくってみよう

材料　耐熱容器：20cm×15cm×6cm（約4人分）

ミートソース（※1のうち、900gを使用）
ホワイトソース（※2）
ラザニア（茹でずに使えるタイプのもの）……10枚
シュレッドチーズ……適量
粉チーズ（パルメザンチーズなど）……適量
パセリ（みじん切り）……適量

※1
ミートソース材料
牛豚合いびき肉…… 800g
☆たまねぎ…… 中2コ
☆にんじん……中2本
☆セロリ……1本
☆しいたけ…… 4本
◎トマト缶 ……3缶
◎コンソメ……1.5コ
◎水……1カップ
◎ローリエ……2枚
◆オリーブオイル……大5
◆にんにく（みじん切り）……大2
赤ワイン……200cc
砂糖……小1
塩・こしょう……適量

※2
ホワイトソース材料
バター……30g
小麦粉……30g
牛乳……300cc
コンソメ……小1/2
塩……小1/4

つくり方

① 耐熱容器にバター（分量外）をぬり、ミートソース→ホワイトソース→ラザニアの順で重ねていき、最後に残りのホワイトソース、シュレッドチーズ、粉チーズをのせる。
② ラザニアに水分を吸わせるため、30分程置いておく。
③ 190℃のオーブンで15分焼き、仕上げに粉チーズとパセリを散らす（オーブンによって焼き加減が異なるので、時間は調整してください）。

Memo
★ミートソース、ホワイトソースは、市販のものを使うと時短になります。
★ミートソースは沢山つくった方がおいしいので、多めにつくり、その日はミートソースパスタに、残りを冷凍して後日ラザニアにするのがおすすめです（左の※1の分量で、ラザニア、ミートソースパスタ約4人分ができます）。

ミートソースのつくり方
① 大き目の鍋に◆の材料を入れ、香りが立ってきたら、みじん切りにした☆の材料を順に入れて炒める。
② 別のフライパンに、塩・こしょうをふった合いびき肉を入れ、触らずに加熱し、焼き色がついたら裏返す。
③ ②に赤ワインを加え強火で汁気がなくなるまで煮詰め、①に入れる。
④ ◎の材料を加えて強火にし、沸騰したら弱火にして灰汁を取り、1時間程煮込む。
⑤ 時々混ぜながら、塩・こしょうで味を調え、隠し味に砂糖を加える。

ホワイトソースのつくり方
① 耐熱容器にバターを入れて、電子レンジを600wで40秒あたためる。
② ①を混ぜてバターを溶かし、小麦粉を入れてさらに混ぜる。
③ コンソメ、塩、牛乳を加えて混ぜ、600wで2分30秒あたためたら、一度取り出して混ぜ、更に600wで2分あたためて混ぜる。

クイズ

クロスワードを解いて、□の文字を並べ替えてみよう。
どんな言葉になるかな?

1	2	3		4
5			■	
	■	6	7	■
■	8			9
10		■	11	

■たて

1.中東にある共和国で、首都はバグダッド。
2.近畿地方にあり、日本で一番面積が大きい湖の琵琶湖がある県。
3.学術研究や平和活動で貢献した人に与えられる名誉賞。「○○○○賞」。ダイナマイトを発明したアルフレッド・○○○○の遺言をもとに創設された。
4.アルファベット順でエル(L)の次。
7.アラビア○○○は「1・2・3…」、漢○○○は「一・二・三…」、ローマ○○○は「Ⅰ・Ⅱ・Ⅲ…」などの数を表す文字。
8.英語で「rabbit」、漢字で「兎、兔」。「○○ぎ」。
9.怒って大声でどなることや、その声。「○○うが飛び交う」。

■よこ

1.つらいことでもあきらめずに続ければ成果が得られるという意味のことわざ。「○○○○○にも三年」。
5.ラグビー選手、ラグビーをする人のこと。○○○マン。
6.英語で「最も優れた(もの)」を表す言葉。グッド(good)よりもベター(better)よりも良いこと。「○○ト(best)」。
8.季節と暦のずれを修正するために1年の日数が1日多く設定され、2月が29日になる年のこと。「○○○○し」。2020年もこの年だよ。
10.今日の朝のことを別の言い方で?
11.物事が終わった後のこと。早稲田アカデミーの模試やテストにも○○受験できるものがあるよ。

●9・10月号/おつきみ

クイズに答えてプレゼントをもらっちゃおう!

答えは1枚めくったFAX送信用紙に書いて、送ってね!!
(ハガキ、封書、バーコードリーダーからでも構いません)

編集室のつぶやき

▶自宅に水族館をつくっています。といっても、壁を水槽に見立てて、魚や水草のシールを貼ったものです。クジラとエンゼルフィッシュが一緒に泳いだり、虹の上をイルカがジャンプで飛び越えたりと、毎週どんどん進化していっています。(TK)

▶水やりのタイミングを変えてみたり、少しでも日当たりのいい場所に移動したり、ススムくんとユメちゃんは一生懸命試行錯誤しています。次号こそ、きっと、必ず、おいしそうなラディッシュをご紹介します(現在3度目の種まき中)!(TH)

▶ジムに通えなくなって早半年。我が家ではすっかり「家トレ」が習慣化してきました。動画サイトから好きなトレーナーさんを探して、家族みんなで楽しんでいます。親子のコミュニケーションも図れるので、皆さんもぜひ、チャレンジしてみてください。(KO)

▶誕生日に、友人から花をもらいました。いそいそと花瓶を買い、色とりどりの花束を飾ると、見慣れた部屋がなんだか一気におしゃれに、日常が華やかになった気分。あわただしい日々の中ですが、季節の花を眺めながらほっと一息つく時間も大切にしたいです。(NI)

▶毎年8月を過ぎると、街中がたちまちハロウィン一色になりますね!小さい頃はあまり馴染みがありませんでしたが、今ではすっかり年中行事として定着していて驚きです。ホラーは苦手なので、我が家に来るのはかわいいオバケだったらいいなと思います。(AK)

▶最近身の回りのデジタル化を進めています。電子マネーの活用や電子書籍の購入、タブレット端末でスケジュール管理など、やってみると便利なことがたくさんあります。SFのような世界が未来に広がっていることを考えるとわくわくしますね。(KO)

▶就寝前の読み聞かせをニヤニヤしながら聞いていた次男が「読まれたら読み返す、恩返しだ!」と、どこかで聞いたようなセリフを得意気に言って私に絵本を読んでくれました。たどたどしい読み聞かせでしたが、とても素敵な恩返しでした。(MS)

プレゼント

正解者の中から抽選で以下の賞品をプレゼント!!

キャンパスノート(用途別)(3色パック) 30名様

きれいに消えて、なめらかに書けるのが特徴のコクヨのキャンパスノート。3冊パックで30名様にプレゼント!

商品問い合わせ先:
コクヨ株式会社 お客様相談室 TEL0120-201-594

※写真はイメージです。

応募方法

●**FAX送信用紙で**
裏面にあるFAX送信用紙に必要事項をご記入の上、下記FAX番号にお送りください。
FAX.03-5992-5855

●**バーコードリーダーで**
スマートフォン・携帯電話で右の画像を読み取り、専用の入力フォームからお送りください。

●**ハガキ・封書で**
クイズの答え、住所、電話番号、氏名、学年、お通いの塾・校舎をご記入いただき、下記宛先までお送りください。サクセス12への感想もお待ちしています。
宛先/〒171-0022 東京都豊島区南池袋1-16-15 ダイヤゲート池袋9F
早稲田アカデミー本社広告宣伝部 『サクセス12』編集室

【個人情報利用目的】ご記入いただいた個人情報は、プレゼントの発送およびアンケート調査の結果集計に利用させていただきます。

【応募〆切】2020年11月28日(土)必着

当選者の発表は、プレゼントの発送をもってかえさせていただきます。

サクセス12 11・12月号 vol.87

編集長
喜多 利文

編集スタッフ
細谷 朋子
岡 清美
池野 望
小林 あすか
奥田 和希
鈴木 麻利子

企画・編集・制作
株式会社 早稲田アカデミー
サクセス12編集室(早稲田アカデミー 内)
〒171-0022 東京都豊島区南池袋1-16-15

FAX送信用紙

※封書での郵送時にもご使用ください。

クイズの答え

氏名(保護者様)

氏名(お子様)　学年

現在、塾に

通っている　・　通っていない

通っている場合
塾名

(校舎名　　)

住所(〒　-　)

電話番号

(　)

面白かった記事には○を、つまらなかった記事には×をそれぞれ3つずつ(　)内にご記入ください。

FAX.03-5992-5855

FAX番号をお間違えのないようお確かめください

サクセス12の感想

P120〜122「サクセス動物園」 みんなの動物アンケート
は虫類のなかで、あなたが一番「かっこいい!」と思うものを ◯ でかこんでください!　① ワニ　② カメ　③ ヘビ　④ トカゲ

中学受験 サクセス12 11・12月号2020
発行/2020年10月31日 初版第一刷発行
発行所/(株)グローバル教育出版 〒101-0047 東京都千代田区内神田2-5-2 信交会ビル3F
編集/サクセス編集室 電話03-5939-7928

【個人情報利用目的】ご記入いただいた個人情報は、プレゼントの発送およびアンケート調査の結果集計に利用させていただきます。